Mathias Goudeau

# JEAN-JACQUES GOLDMAN de A à Z

*Illustration de couverture : Colonel Moutarde*



les guides
MusicBook

***Également disponibles dans la même collection***

de A à Z

BJÖRK
BOB MARLEY
BRITNEY SPEARS
DAFT PUNK
DAVID BOWIE
DEPECHE MODE
EMINEM
GAROU
JAMIROQUAI
JIMI HENDRIX
KORN
LAURENT GARNIER
LENNY KRAVITZ
MADONNA
MANU CHAO
MARYLIN MANSON
MASSIVE ATTACK
MOBY
MYLÈNE FARMER
NIRVANA
NOIR DÉSIR
RADIOHEAD
SANTANA
TEXAS
THE BEATLES
THE CURE
U2
ZAZIE
ZEBDA

**Directeur de collection :**
**Stéphane CHABENAT**

les guides
**MusicBook**

# JEAN-JACQUES GOLDMAN

Goldman, boss malgré lui 9

De A à Z 15

Morceaux choisis 108

Chronologie 117

Discographie 121

Vidéographie 124

Index 125

# Goldman, boss malgré lui

**Chanteur intègre, passionné de musique et homme honnête, en 20 ans, Goldman a réinventé la chanson française. De *Il suffira d'un signe* à *Ensemble* en passant par *Je te donne*, les compositions de Goldman appartiennent au patrimoine français. Et le discret Goldman fait, malgré lui, partie des grands artistes de notre temps.**

On pourrait commencer une définition de Goldman, comme le fait la presse à chaque nouvel article, par des records : une collection de tubes inégalée ; le seul chanteur français à avoir vendu plus de sept de ses albums à plus d'un million d'exemplaires, sans compter les albums pour Céline Dion ; un homme régulièrement nommé chanteur préféré des Français ; le chanteur dont le fonds de catalogue se vend à plus de 400 000 exemplaires par an… Bien sûr. Et c'est vrai. Et c'est ce qui fait que Jean-Jacques Goldman est désormais une institution, et est surnommé « le boss » par ses pairs de la chanson française. Bien sûr. Mais les chiffres et les records ne suffisent pas à tout expliquer. Goldman, heureusement, ce n'est pas seulement ça.

**Goldman, c'est d'abord une histoire personnelle forte.** Des parents immigrés juifs polonais marqués par l'Histoire, marqués par la France comme terre de fuite, marqués par l'idéal et la croyance politique. Son père surtout, militant communiste habité d'un esprit de résistance. Et un demi-frère, Pierre, révolutionnaire qui a fait un peu l'histoire de France. Jean-Jacques absorbe tout ça. Sans en dire trop. Sans s'engager. Ce qui lui fait dire qu'il est le vilain petit canard de la famille. Pourtant, si Jean-Jacques a laissé passer mai 1968, il n'a pu passer impunément à côté d'une histoire familiale aussi forte. Et puis il y a les scouts, sorte de colonies désuètes mais qui apprennent le partage, la vie en communauté, la musique en groupe. Bref, la collectivité, l'engagement, la droiture, la politique… tout ça coule dans les veines de Goldman. Et il a su ne pas l'oublier ! « Je n'ai pas l'impression d'avoir changé depuis que j'ai douze ans. J'étais anormal, trop grave, j'avais déjà quarante ans ! J'ai simplement acquis une meilleure évaluation de mes capacités, donc de mes incapacités. » Goldman, c'est d'abord une force de caractère.

***« Je n'ai pas l'impression d'avoir changé depuis que j'ai douze ans. J'étais anormal, trop grave, j'avais déjà quarante ans ! »***

**Goldman est ensuite un musicien, un faiseur de chansons** (l'équivalent du terme *songmaker* devrait au moins exister en France pour lui) qui transpire de musique. « C'était une évidence pour moi depuis tout petit. Je faisais de la musique tout le temps comme d'autres font du tennis sans penser à devenir forcément un champion. » Une violente passion de la musique populaire, celle des bals, celle des radios FM qui l'ont aidé à démarrer, celle des salles de bain enchantées…

Bref, la chanson populaire au sens noble, de Ferré à Dassin, en passant par Aretha Franklin et Johnny. Jean-Jacques a tout ça dans la peau. Même si l'habitation familiale ne résonne pas de musique, il boit le petit lait du rock anglais dès qu'il le peut, avale par biberons entiers les éraillements du blues américain et dévore les folksongs dylaniennes… et leurs grilles d'accords. Les bals, il a pratiqué, les histoires de groupes, il a connu, les tentatives en solo avortées aussi… le parcours de galère classique. Goldman est un musicien, passionnément.

**Mais jamais, il n'aurait songé faire de la musique son métier** (d'autant que la culture familiale n'admet pas que la musique soit une fin nourricière en soi et par respect, il n'invite pas sa famille à son premier Olympia !). Du coup, Goldman ne connaît le succès qu'à trente ans. Et ce n'est pas tout à fait anodin. « Je plains les types qui connaissent le succès à vingt ans. Si ça m'était arrivé, je crois que je serais devenu fou. » Lui, sa vie est déjà posée : il est marié, a deux enfants et travaille avec son frère dans leur magasin de sport de Montrouge. Un parcours qui lui apporte une réelle sagesse et une féroce stabilité quand il débarque dans le milieu du show-business musical. Et s'il fallait donner un dernier signe distinctif pour souligner le recul que Jean-Jacques porte sur sa nouvelle activité à priori : il n'arrête de travailler dans son magasin, en décembre 1982, qu'après avoir vendu

**Recul**

**Et s'il fallait donner un dernier signe distinctif pour souligner le recul que Jean-Jacques porte sur sa nouvelle activité à priori : il n'arrête de travailler dans son magasin, en décembre 1982, qu'après avoir vendu près d'un million de disques.**

près d'un million de disques. Bref, on ne la lui fait pas. Goldman n'est pas et ne sera jamais une star !

**Dès qu'il débarque en solo, Goldman impose une musique nouvelle.** Qu'ils se sont trompés ceux qui n'ont vu en lui qu'une starlette éphémère ! Qu'ils ont mal écoutés ceux qui ont trouvé « nul » Goldman, même après trois albums ! Car dans le paysage musical français, Jean-Jacques Goldman invente un style. Dans les nervures de sa musique coulent la chanson française moderne héritées de Berger, mais aussi celle qui a nourri quelques-unes des générations de tympans bariolés via Dylan et Le Forestier, sans oublier la force du blues, depuis John Lee Hooker jusqu'à Aretha Franklin, et quelques encablures de la route du rock, de Johnny Winter à Deep Purple en passant par Jimi Hendrix. Une culture – ou « inculture » comme il le dit lui-même – décidément populaire. Goldman aime les musiques simples, les musiques ancrées dans la mémoire collective : il préfère un air folklorique à un arpège de jazz, les riffs d'une guitare au coin du feu à une harmonie symphonique. Goldman aime ce qu'on aime et ne souffre aucune gêne d'être populaire. Sa force, c'est de faire une synthèse musicale de tout ça, sans calcul mais avec passion. Alors bien sûr, il y a les répétitions, les parfois pesantes efficacités, bien sûr. Mais comment parler de stratégie quand il s'agit d'évidence ! Goldman est un chanteur de variété.

**Musique**

**Goldman aime les musiques simples, les musiques ancrées dans la mémoire collective : il préfère un air folklorique à un arpège de jazz, les riffs d'une guitare au coin du feu à une harmonie symphonique.**

**Goldman arrive aussi sûrement au bon moment.** Il débarque dans les années 1980 en même temps que la bande FM. Ironie du sort, si l'on dit que Mitterrand donne un coup de pouce à Goldman, lui, l'homme de gauche, qui s'est dès le départ méfié du *leader* du congrès d'Épinay ! Bref, radio jeune et quotas français aident les *Envole-moi* et *Encore un matin*. Mais, malgré la critique qui se déchaîne contre le « chanteur pour ados », Goldman va durer. Et pour cela, il cache un autre secret : Jean-Jacques n'a de cesse de se renouveler, de réoxygéner sa carrière. Albums solo, puis double album étonnant avant un trio, puis un disque solo particulièrement intimiste qui précède un album-exercice de style ! Il fait grincer les dents mais ça marche à chaque fois. Et quand ce n'est pas pour lui, c'est pour les autres : Dion, Hallyday, Lavoine, Pagny, Kaas… Quel plus beau cadeau pour un passionné d'écriture musicale, qu'un orchestre aussi varié ! Et s'il existe tout de même un bémol à la partition, c'est là que le bât blesse : malgré la diversité, Goldman affiche une patte, des suites d'accords et des arrangements qui patinent parfois un peu trop la créativité originelle. Du coup, le Goldman inventif et fouineur fait parfois du Goldman classique et plus attendu et se normalise un peu ! Mais a-t-on demandé à Brassens de poser sa guitare ?

***Mais, malgré la critique qui se déchaîne contre le « chanteur pour ados », Goldman va durer.***

**Une chose est sûre, Goldman est un passionné.** Combien vous diront que ce qu'il fait, Jean-Jacques le fait à fond. Et c'est pareil pour la musique. « Écrire des chansons, c'est vraiment ce que j'adore faire. » Mais cela ne suffit pas pour rester plus de vingt ans en haut de l'affiche. Et là intervient un facteur ultime, et incontournable : Goldman hume l'air du temps comme personne. En plus de l'acuité de l'écriture, du goût de la formule musicale, de la batterie qui sonne, de la basse qui bastonne, le musicien traduit ce qui nous préoccupe tous. Ses chansons sont comme des polaroïds fidèles de ce qui nous entoure, les clichés de sa vie comme de la nôtre, les instants anodins qui font notre histoire : les femmes célibataires, l'engagement humanitaire, aussi bien que la voisine sur le palier d'en face. Plus qu'un autre et parfois avant les autres, Goldman capte l'air du temps !

**La musique comme passion, l'air du temps comme inspiration, l'honnêteté comme raison** et la discrétion comme satisfaction, une alchimie d'une rare constance qui fait que Goldman s'impose comme Le chanteur français marquant de ces deux dernières décennies. Et si après vingt ans de carrière, Goldman est toujours là, c'est qu'à travers ses chansonnettes efficaces, il a su refléter les aspirations de plusieurs générations. Chapeau bas, Monsieur Goldman !

**Mathias Goudeau**

# a

**Âge** Le 11 octobre 2001, Jean-Jacques Goldman a eu cinquante ans. « Cinquante ans, ça va. C'est une barrière qui n'est pas trop visible », dit-il. « Il y a d'autres âges, plus cruciaux, que j'ai plus mal vécu : par exemple trente ans, celui de la fin de l'enfance. C'est l'un des avantages de notre époque, par rapport à celle de nos parents : cinquante ans, ce n'est pas encore le début de la fin... » Récemment, plusieurs chansons à ce propos ont surgi dans ses albums : *En passant, Les p'tits chapeaux...*

**Air du temps** Si les chansons de Goldman traversent les époques c'est qu'elles se nourrissent de l'air du temps. Pour lui, les chansons sont comme « des polaroïds assez exacts » de la société. De manière consciente ou non, il décrit la société qui l'entoure. D'où l'écho important et le fort impact de ses chansons sur le public. Et l'implication commence tôt chez Goldman : déjà, son tout premier 45 tours en solo, *C'est pas grave papa* évoque le licenciement de « son » père suite à « une fusion probable entre sa firme et un puissant groupe financier ». S'enchaîneront ensuite *La vie par procuration, Je te donne* (1985), *Elle a fait un bébé toute seule* (1987), *Peurs* (1990), *Rouge* (1993), quelques exemples qui montrent que tout au long de sa carrière, Goldman n'a cessé de décrire à sa manière les réalités des mouvements de société.

**Alès** Petite ville du bas des Cévennes (sud de la France) qui accueille tous les ans des centaines de choristes dans le cadre de son festival, « La semaine chantante », mené par Michel Schwingrouber. Chaque année, des chorales se réunissent pour travailler et rendre hommage à un chanteur français, l'invitant à la fin de la semaine à interpréter quelques titres avec elles. En 2000 (du 29 juillet au 5 août), c'est Goldman qui était à l'honneur. À la fin du festival, devant 12 000 spectateurs, près de 1 000 choristes reprennent donc des chansons de Jean-Jacques. Comme prévu, il les rejoint sur scène pour interpréter avec eux *Peur de rien blues, Rouge* et *Puisque tu pars*. Mais surtout, c'est de cette soirée à Alès que naît la chanson *Ensemble*. L'année suivante, Jean-Jacques revient enregistrer le titre avec 500 choristes. *Ensemble* devient le premier single de l'album *Chansons pour les pieds* (2001).

**Ambition** *« Et je plains les plus malins, et je plains les ambitieux »* (*Sans un mot,* 1981)
Contrairement à ce qu'on pourrait déduire de son parcours et de sa place en France aujourd'hui, Goldman est loin d'être un battant (thème sur lequel il ironise dans bon nombre de titres dont *Être le premier* en 1982). Depuis ses débuts, Jean-Jacques n'a jamais affiché d'ambition particulière à devenir chanteur, encore moins à devenir une star. Voici ce qu'il disait à Yves Simon en 1997 à propos de ses ambitions de l'époque : « Je pensais écrire pour les autres et rester avec Robert

(son frère) dans notre boutique de sport de Montrouge. Nous agrandir, acheter un autre magasin. C'était ça mon monde et j'y étais bien. » Son entrée dans la chanson est, également, très révélatrice de son état d'esprit : il n'y serait sûrement jamais venu tout seul. « Si les gens n'étaient pas venus me chercher, je serais resté dans mon coin. J'ai toujours été poussé par les autres. »

**Argent** Jean-Jacques Goldman est l'un des chanteurs auquel la Sacem verse le plus de droits d'auteurs. Ses chansons figurent régulièrement parmi les plus diffusées à la radio (n°1 en 1998 avec 28 011 diffusions, par exemple et 28 500 en 1999). Du coup, Goldman gagne beaucoup d'argent et il le reconnaît. La presse a avancé le chiffre de 40 millions de francs de gain par an et le chiffre de 24 % de royalties sur les ventes d'albums. Ces chiffres ne sont pas confirmés par Goldman qui précise : « À un certain niveau de notoriété, on vous fait des propositions très élevées ; je ne vais quand même pas demander moins ! » Pourtant, il garde une certaine distance et avoue un confort proche de celui d'un cadre supérieur. « J'ai beaucoup d'argent, mais au-delà d'un certain seuil il ne me sert à rien. Attention, je ne m'en fiche pas : j'ai toujours été angoissé à l'idée de ne pas pouvoir payer mon loyer. Mais tant que je peux m'habiller, acheter deux motos et une maison où je veux, et que je peux partir en voyage quand je veux, ça me va. » Jean-Jacques tient à ce qu'on le distingue des écrivains, sportifs ou acteurs qui vivent à l'étranger pour ne pas payer d'impôts en France. « Je suis imposé sur mes revenus, entre 55 % et 70 %. Je trouve ça normal, j'ai toujours été pour ce principe de redistribution. Et il m'en reste encore énormément. Si c'est trop, qu'est-ce que vous voulez que j'y fasse ? »

**Arzel (Gildas)** Guitariste du groupe des années 1980, Canada, Gildas Arzel est devenu un fidèle compagnon de route de Jean-Jacques Goldman, jouant très régulièrement sur ses albums. Avec Canada, Arzel avait fait la première partie de Goldman, en 1988 et, en solo cette fois, lors des concerts de la tournée de 1992. Cocasse inversion des rôles, du 10 octobre au 8 novembre 1997, Jean-Jacques accompagne Gildas, dont il vient de réaliser l'album avec Érick Benzi, sur sa tournée (qui fait une halte deux soirs au *Café de la danse* à Paris), dans le rôle de musicien de scène à la guitare, à la basse et au violon. De son côté, Arzel précise : « Musicalement nous n'avons rien à voir. Il n'est pas fan absolu de ce que je fais. Il aime certains trucs, moi aussi, mais on se respecte humainement et professionnellement. »

# b

**Baker (Chet)** Ce trompettiste de jazz américain, Chesney Henry Baker de son vrai nom, a autant marqué par son jeu talentueux que par l'histoire rocambolesque de sa courte vie (drogues, fin mystérieuse...). Il croise la route de Goldman en 1985 : à la fin du titre *Parler d'ma vie* (album *Non homologué*), c'est lui qui interprète le solo de trompette (les séances de studio ont eu lieu en juillet 1985).

**Balavoine (Daniel)** Tout comme Michel Berger, Balavoine est l'un des auteurs-compositeurs-interprètes français qui a marqué Goldman et l'a aidé à accepter l'idée de chanter en français. Au début des années 1970, les groupes de Goldman et Balavoine, respectivement Phalansters et Présence, sont deux groupes importants qui occupent les scènes rock de la région parisienne. Ensuite, chacun suivra sa route en solo. On doit notamment à Daniel Balavoine les titres *Mon fils, ma bataille, Lucie, L'Aziza,* ou encore *Sauver l'amour.* Il disparaît en 1986 au cours du rallye Paris-Dakar, à l'âge de trente-quatre ans.

**Bals** Goldman revendique ouvertement son amour de la chanson populaire et la culture du tube. Il a commencé comme musicien de bals. Entre quatorze et vingt-quatre ans, il joue avec des groupes comme Phalansters. « Durant toute cette période de bals, nous jouions des standards de Deep Purple, Mountain et Cactus », se souvient Jean-Jacques. Il a rendu hommage à ces musiciens qui passent d'un style à un autre dans l'unique but de faire danser les gens, dans son dernier album en date, *Chansons pour les pieds.*

**Batailler (Anne-Marie)** De manière indirecte et totalement inconsciente, cette inconnue a lancé la carrière de Goldman. En 1979-1980, une émission de télévision, *Le jeu de la Chance,* animée par Danièle Gilbert sur TF1 permet à des jeunes chanteurs de se produire et d'être, ou non, sélectionnés pour la semaine suivante. Un jour qu'il vient acheter des ballerines pour sa fille dans le magasin de sport de Robert et Jean-Jacques Goldman (car il habite également Montrouge), un preneur de son de la maison de disque Barclay, interpelle Jean-Jacques. Il lui demande des chansons pour Anne-Marie Batailler, une jeune chanteuse qui doit participer à l'émission. Grâce aux titres fournis par Jean-Jacques (dont *Fais-moi des sourires*), la chanteuse remporte ce « tv-crochet » à plusieurs reprises. Et à chaque fois Danièle Gilbert cite le nom de l'auteur-compositeur : Jean-Jacques Goldman. C'est ainsi qu'un éditeur, Marc Lumbroso cherchera à contacter ce « Goldman ». La suite, on la connaît…

**Benzi (Érick)** Originaire de Marseille, cet ancien clavier du groupe Canada est devenu l'arrangeur attitré de Jean-Jacques Goldman. La rencontre a eu lieu en 1988 lors d'une émission de radio, avant que Canada fasse les premières parties de la tournée de Jean-Jacques. Pour le premier album *Fredericks Goldman Jones,* en 1990, Jean-Jacques cherche un arrangeur. Après avoir écouté quelques maquettes d'Érick, il est conquis « j'avais exactement besoin de ses qualités : sons et rythmiques. » Leur collaboration s'avère parfaitement complémentaire : Jean-Jacques s'occupe des voix et des guitares alors qu'Érick Benzi s'attache aux parties de claviers. « Nous sommes autosuffisant » précise Jean-Jacques. Érick Benzi a programmé et co-arrangé *Un, deux, trois,* il a participé aux arrangements, à la programmation, à la réalisation et aux claviers de l'album *Rouge,* co-réalisé les albums *En passant* (sur lequel Jean-Jacques le remercie de la phrase : « Ingénieur du son, imagineur, chercheur, compreneur, patienteur, accoucheur et tellement, tellement d'autres choses ») et *Chansons pour les pieds* (sur le livret duquel il lui demande « T'es libre pour le prochain ? »). À noter qu'Érick retrouve la scène, en 1994, en participant à la tournée « Rouge » en tant que percussionniste et qu'il a à son actif de nombreuses autres collaborations (Dion, Anggun, Pagny, Noah...)

**Berger (Michel)** Chanteur français parmi les plus inventifs, il a été l'un des maîtres pour Goldman. Michel Hamburger, de son vrai nom, collabore avec Françoise Hardy, Véronique Sanson et surtout France Gall, sa femme. Des tubes comme *Seras-tu là ?, La groupie du pianiste, Quelques mots d'amour, Si, maman, si,* à la comédie musicale *Starmania,* il a marqué 20 ans de chanson française avant de disparaître en 1992. C'est, selon Jean-Jacques, le chanteur qui l'a le plus inspiré, qu'il a le plus écouté en français et qui lui a donné envie de chanter en français. « En France, je crois que musicalement, comme au niveau des textes, c'est la personne la plus importante pour moi », résume-t-il. Les deux chanteurs ont en commun d'avoir chacun fait un album pour Johnny Hallyday. En 1985, ils interprètent ensemble le titre *Seras-tu là ?* dans l'émission de Jacques Chancel, *Le grand échiquier.*

**Bigard (Jean-Marie)** Ce comique français, a en commun avec le chanteur de s'impliquer dans de nombreuses œuvres caritatives. Les 25 et 26 mai 2000, après ses spectacles au Bataclan, vers minuit, il invite ses collègues des Restos du cœurs, dont Goldman (avec qui il interprète la chanson *Mon frère* de Maxime Le Forestier), Michael Jones, Zazie, Michèle Laroque, Pascal Obispo, Maurane, Patrick Fiori, Liane Foly, Carole Fredericks ou encore Jean-Félix Lalanne. Les recettes des deux soirées sont offertes aux Restos du cœur et à SolEnSi. Par ailleurs, Jean-Jacques a collaboré au titre *On va mettre le paquet,* que chante Bigard dans son spectacle.

**Blues** L'un des styles musicales dont Goldman s'est le plus nourri. À l'origine, le blues est l'expression musicale de contestation des esclaves noirs aux États-Unis. Précurseur du Jazz, il s'interprète souvent de manière acoustique, à la guitare et au chant (les maîtres en la matière sont BB King, John Lee Hooker...). On retrouve cette influence chez Jean-Jacques dès son tout premier titre solo (un blues-rock *C'est pas grave papa*), dans son plaisir de la guitare sèche (album *En passant*), des trois accords marquants des harmonies du blues, des chansons « à la manière de » (*Peur de rien blues*) ou des reprises (notamment avec Carole Fredericks).

**B.O.F.** À plusieurs reprises, Goldman s'est essayé à la bande originale de film. C'est avec son compagnon de route et musicien Rolland Romanelli, qu'il compose, en 1989, la bande originale du film d'Alexandre Arcady, *L'union sacrée* (avec la participation de Jones et Fredericks). En 1990, il remet ça en participant avec la B.O. de *Pacific Palissades,* le premier long métrage de Bernard Schmitt, réalisateur de clips de Goldman. Enfin, il retrouve Rolland Romanelli pour composer la B.O. d'*Astérix et Obélix contre César,* la super-production de Claude Berri sorti en 1999. À noter que sur cette B.O. Jean-Jacques interprète lui-même le titre *Elle ne me voit pas* (sur ce titre Jean-Jacques a gardé la voix de la première maquette de la chanson).

**Boîtier** Depuis *Rouge,* Goldman ne propose plus ses albums dans des boîtiers plastiques classiques : après la disparition des pochettes des vinyles (plus propices à la création artistique), Jean-Jacques décide d'offrir à chaque fois un boîtier et un livret soignés. « En fait, je voue une véritable haine aux boîtiers plastiques, » explique Jean-Jacques. « Je les trouve épouvantables en comparaison des vinyles cultes de mon enfance. À chaque album, j'essaie de faire en sorte que l'album-objet soit un bel objet. » C'est Alexis Grosbois, qui s'occupe de cette partie de la production des albums de Goldman (surtout depuis *En Passant*). *Rouge* propose un boîtier en métal gris, *En* *passant* est un boîtier en plastique noir, l'album de la tournée *En passant* offre le même sorte de boîtier mais un livret jouant sur la transparence (comme le billet du concert qui s'apparentait à un négatif photo). Pour *Chansons pour les pieds,* il s'agit d'un boîtier en métal laqué blanc orné d'un dessin de Zep (qui a également illustré le livret de l'album).

# C

**Cabrel (Francis)** Chanteur de la même génération que Jean-Jacques Goldman, Francis Cabrel s'est fait connaître grâce à *Je l'aime à mourir* en 1979, puis il a enchaîné avec les succès *L'encre de tes yeux, La dame de haute Savoie* ou encore *Sarbacane* et *Hors saison.* Les deux hommes partagent la même discrétion et le même recul par rapport à la profession. Ils font partie de la même maison de disques. Ils ont également apporté une tonalité folk-rock américaine (ils sont tous les deux admirateurs de Bob Dylan) à la chanson française. Après l'accident de l'usine AZF à Toulouse, le 17 novembre 2001, Francis Cabrel a organisé un grand concert au bénéfice des victimes, réunissant Zazie, Émile et Image, Patrick Bruel, ou encore Jean-Jacques Goldman.

**Canada** Groupe des années 1980, creuset des hommes de l'ombre (arrangeur, musiciens…) de Jean-Jacques Goldman aujourd'hui. Le groupe est créé en 1976 par Jacques Véneruso, Gildas Arzel, Gween Arzel et Érick Benzi. Le succès vient après deux 45 tours (sortis en 1982 et 1985) grâce à la chanson *Mourir les sirènes,* en 1988. En 1991, le groupe se sépare et chaque musicien fait son chemin en solo ou aux côtés d'autres artistes, dont Jean-Jacques Goldman.

La rencontre avec le groupe se fait en 1988, alors que Jean-Jacques a invité Canada à une émission de radio (*Studio 22,* sur RTL) où il est convié. Le chanteur les invite ensuite à faire ses premières parties lors de sa tournée en 1988.

## Caritatif

Depuis le début de sa carrière, Goldman n'a cessé d'apporter son soutien aux causes qui le touchent. En 1985, il participe au disque *SOS Éthiopie* des Chanteurs sans frontières qui réunit une pléiade d'artistes français menée par Renaud (les fonds récoltés sont destinés à venir en aide à l'Éthiopie, pays subissant alors une famine). Goldman participe ensuite, au 45 tours *Dernier matin d'Asie,* en 1988, avec de nombreux artistes français (il s'agit cette fois de venir en aide aux *Boat-people*). Ensuite, hormis les Restos du cœur (voir **Restos du cœur**), Jean-Jacques a notamment participé au festival Solidays dès la première cession, en 1999, organisé par Solidarité Sida. C'est lors de cette manifestation que Gérald De Palmas lui demande de collaborer (à noter que le titre extrait de l'album *Solidays, Qui sait ?,* est un titre signé Érick Benzi). Jean-Jacques Goldman participe également à l'album de SolEnSi, sorti en octobre 1999, où il reprend *La fille du nord* avec Francis Cabrel. En 1998, Jean-Jacques intervient sur *Sa raison d'être,* la chanson écrite par Lionel Florence et Pascal Obispo et interprétée par 42 artistes. Ce titre fait parti de l'album *Ensemble contre le sida,* sorti le 24 novembre 1998, au profit de l'association du même nom. Une opération suivie le 20 novembre 2000, par l'album *Noël Ensemble* (auquel participe Jean-Jacques aux côtés de 106 autres artistes) réalisé par Pascal Obispo, toujours pour ECS. Par ailleurs, discrètement, Jean-Jacques Goldman n'hésite pas à léguer les droits de certaines de ses chansons pour de bonnes causes. Il a donné tous les droits de la chanson des Restos du cœur (comme les droits de reproduction des paroles de ses titres) à l'association de Coluche. Il a par ailleurs cédé les droits d'auteurs du titre *Vole* à Magdalenat Andron, une jeune fille atteinte de mucoviscidose, afin qu'elle puisse enregistrer ce titre. À l'origine, ce titre a été écrit pour Karine, la nièce de Céline Dion, décédé d'une forme de mucoviscidose.

**Carnet** C'est l'un des trucs de Goldman pour écrire ses chansons ! Le chanteur porte toujours sur lui un petit carnet dans lequel il note réflexions personnelles ou idées de chansons…

**Cassar (Yvan)** Nougaro, Hallyday, Obispo, Farmer, Aznavour, Kaas… nombreux sont les artistes ayant croisé le chemin d'Yvan Cassar. Car, à tout juste trente ans, ce musicien rennais est devenu le chef d'orchestre – orchestrateur des plus grands. Avec Goldman, il a travaillé sur *Il suffisait d'aimer* pour Céline Dion (dirigeant les chœurs de Radio France) et participé à l'album *Chanson pour les pieds* (également à la direction des cordes). « C'est un type intéressant car il est profondément cultivé, classiquement cultivé et profondément moderne », dit de lui Jean-Jacques. « Et c'est très intéressant et très rare de rencontrer des musiciens comme ça. C'est-à-dire qui ont un bagage très pointu, comme Marc Chantereau, et avec eux, le dialogue est absolument passionnant. »

**Chalandon (Sorj)** Journaliste grand reporter au journal *Libération* et écrivain, il a reçu le prix Albert Londres spécial du cinquantenaire, en 1988. Parallèlement à l'album *Rouge,* en 1993, est sorti un coffret collector qui contenait l'album de Goldman, bien sûr, mais également un livret illustré par Lorenzo Mattotti et dans lequel chaque chanson était prolongée par une nouvelle inédite signée Sorj Chalandon.

**Chanson** Contrairement à ce que l'on peut entendre, s'il existe un ton Goldman, un style Goldman, il n'existe pas de méthode Goldman. Et ceci principalement parce que chaque chanson s'élabore différemment : « Il y a des chansons comme *Je marche seul* par exemple qui ont pris dix formes différentes, d'autres refrains... Donc j'ai mis beaucoup de temps à les bâtir, plusieurs mois. Il y en a d'autres, comme *Comme toi* ou *Nuit,* qui viennent en deux heures ou une nuit. Ensuite il y a juste une semaine, quinze jours de travail dessus, pour rectifier la tonalité, trouver le bon tempo, les arrangements. Mais en gros au bout d'une nuit, la chanson est presque intacte. Ça dépend beaucoup des chansons. » Reste que la démarche est toujours la même : Goldman attache beaucoup d'importance aux notes qu'il a prises sur le petit carnet qu'il porte en permanence sur lui et n'écrit pas sans réflexion préalable. « Je ne commence pas à écrire un texte si je n'ai pas deux ou trois pages sur le thème que je vais aborder. Je ne suis pas un poète mais un *songmaker,* un faiseur de chansons. » Par ailleurs, Goldman n'écrit jamais une parole sans pouvoir simultanément composer la mélodie. Mais contrairement aux idées reçues, Goldman écrit moins d'une chanson par mois. Au final, voici sa définition d'une chanson réussie : « Un moment d'émotion. Une connivence partagée. Pour l'atteindre, ça va vous paraître ridicule, mais bon, il faut un équilibre entre les mots, les notes, les arrangements et l'interprète. *Foule sentimentale* chantée par un autre qu'Alain Souchon ne serait plus la même chanson. »

## Chansons pour les pieds

Onzième album studio, sorti le 20 novembre 2001.

***Ensemble – Et l'on n'y peut rien – Une poussière – La pluie – Tournent les violons – Un goût sur tes lèvres – Si je t'avais pas – C'est pas vrai – The Quo's in town tonite – Je voudrais vous revoir – Les p'tits chapeaux – Les choses***

En 2001, Goldman surprend une nouvelle fois avec un « album – exercice de style » : chaque chanson est une danse différente. On peut donc écouter une tarentelle, un blues, un zouk, un disco, une fanfare... L'idée n'est pas neuve chez Goldman qui a gardé une admiration particulière pour les musiciens qui font danser les autres, ces musiciens de bals dont il a fait partie à ses débuts. Voici comment il définit cet album dans l'argumentaire promotionnel destiné à la presse : « Bien plus que dans un stade, bien plus qu'à l'opéra ou à la télé, c'est dans les bals que les musiciens m'impressionnent, me touchent le plus, là où ils me semblent les plus nobles, irremplaçables, capables de nous faire nous lever, nous regarder, nous parler, nous désirer, nous frôler. C'est l'unique ambition de ces chansons : faire que des gens se lèvent, se regardent, se parlent, se frôlent, chantent et dansent. Juste des chansons pour les pieds. »

**Cet album a été réalisé dans des conditions particulières.** S'appuyant sur la légèreté des nouvelles techniques du home-studio, Jean-Jacques ne s'est pas contenté de l'antre d'Érick Benzi comme il l'avait fait auparavant. Bon nombre de prises de voix ont été faites dans un appartement hors de la capitale (où des matelas posés sur les murs insonorisaient les pièces). Par ailleurs, le concept de l'album amène Jean-Jacques à « inviter » des groupes de musiciens très variés : il enregistre la chorale d'*Ensemble* avec les chœurs d'Alès (voir **Alès**), le bagad de Kemperlé dirigé par Bruno Le Rouzic participe à *Je voudrais vous revoir* (enregistré à Lorient), la fanfare de Champigny vient illustrer *Les p'tits chapeaux,* l'orchestre d'Yvan Cassar porte la tarentelle *Tournent les violons* et les cuivres de Christophe Nègre boostent *Un goût sur tes lèvres.* Pourtant, *Chansons pour les pieds* reste très révélateur du style Goldman : certes, cet album montre à quel point l'auteur-compositeur cherche à se renouveler à chaque album (trio, album *Rouge* grandiloquent, *En Passant* intimiste...), mais il montre également, qu'au final, les arrangements restent on ne peut plus goldmanien. En effet, les trompettes, cornemuses et autres violons, perdent un peu de leur essence et de leur pêche originelle. Un lissage qui peut faire regretter la recherche d'originalité réussie de l'album.

**Quoiqu'il en soit, cet album a surpris !** Le concept, mais aussi le titre *Chanson pour les pieds,* et surtout le premier single, *Ensemble,* mis en radio en octobre 2001. En effet, ce titre est un canon (on n'en avait pas entendu dans la variété depuis *Rame* de Souchon et Voulzy), chapoté d'une chorale de 500 voix. Pourtant, la chanson lancera bien les ventes l'album, qui en tout juste trois mois atteignent le million d'exemplaires : le 7e album de diamant de la carrière de Jean-Jacques ! Le second single *Tournent les violons* (la tarentelle de l'album) est mis en radio au début de la tournée 2002.

**Goldman démontre également l'originalité de l'album à travers le boîtier en fer** laqué blanc – illustré par deux danseurs enlacés dessinés par Zep – qui protège le CD. Le dessinateur de BD, père du personnage Titeuf, illustre également la totalité du livret (voir **Zep**).

## Charlebois (Robert)

Connu grâce à son tube *Lindberg* (repris, depuis, par la publicité) interprété en duo avec Louise Forestier en 1968, et au magnifique titre *Ordinaire,* en 1970, Robert Charlebois est l'un des piliers de la chanson québécoise. Et il a croisé plusieurs fois la route de Goldman. En 1986, au moment où il décide de faire une pause dans sa carrière, Charlebois partage la scène d'un grand concert avec Jean-Jacques : 25 000 spectateurs à Québec. Dix ans après, en 1996, Goldman lui écrit *Le plus tard possible,* un texte sur la mort, pour son album : *Le chanteur masqué* (1997).

## Chocs musicaux

Au cours de son adolescence, Goldman évoque deux principaux chocs musicaux : Aretha Franklin (il entend la chanson *Think* à l'âge de douze ans), et Léo Ferré (qu'il découvre en concert vers 1971-1972 à Lille).

## Chorales

Amoureux des chœurs, Goldman a invité les Chœurs de l'Armée rouge sur l'enregistrement de son album *Rouge*. À noter que les Chœurs russes ont également participé à la tournée *Rouge* de Goldman en montant sur scène pour interpréter la chanson du même titre. Goldman a chanté avec Fredericks et Jones pendant sept ans (sur disque) principalement pour pouvoir jouer avec les trois voix constitutives du trio. Enfin, pour son dernier album *Chansons pour les pieds,* Goldman a chanté avec les 1 000 choristes de « La semaine chantante » d'Alès (un festival annuel se déroulant dans les Cévennes) la chanson *Ensemble*.

## Clip

Autant le dire, Jean-Jacques Goldman n'a jamais été féru de clip. Non qu'il ne s'intéresse pas à l'image, mais il se dit d'une génération plus proche de la création musicale que picturale. C'est pourquoi, dans l'ensemble, sa clipographie ne relève pas d'un feu d'artifice d'inventivité. Jusqu'au titre *Encore un matin,* les clips de Goldman étaient réalisées par RTL (la programmatrice Monique Le Marcis avait fait de Goldman son protégé). À partir de l'album *Positif* (1984), il fait confiance à Bernard Schmitt qui réalise les trois clips suivants – *Encore un matin, Long is the road* et *Je marche seul* – et devient ainsi réalisateur et homme d'image attitré de Jean-Jacques. « Cela me fait marrer de tourner dans les clips. Lorsqu'on a touché à la chanson, c'est-à-dire à la scène, à ce contact avec le public, à l'enregistrement avec une petite équipe où on contrôle tout, le cinéma paraît être un art à la fois lourd, dépendant et dérisoire, en ce qui concerne le rapport aux autres. »

**Cocker (Joe)** Grâce à sa voix inégalable et ses interprétations si particulières, cet ancien plombier de cinquante-huit ans est devenu l'une des figures mythiques du blues américain après sa participation au festival de Woodstock en 1969. Il ne reviendra ensuite vraiment sur le devant de la scène qu'en reprenant des classiques du blues. En 1999, Goldman (avec Michaël Jones) lui compose le titre *On my way home.*

**Comédie musicale** Écrire une comédie musicale était l'un des rêves de Goldman… et ceci bien avant la mode des comédies musicales à la française emmenée par le succès de *Notre Dame de Paris* (de Plamondon et Cocciante). En effet, l'album *Rouge* a été conçu au départ pour être un spectacle chanté avant de redevenir un album classique. Goldman a réitéré l'essai avec l'album *En Passant,* mais il n'en reste qu'une chanson (*Sur le même bateau* passé sur l'album de Céline Dion). « Raconter une histoire originale en chanson me paraît impossible, explique Jean-Jacques. Les mots sont tellement importants pour les Français qu'ils n'ont plus la même signification avec la musique. Je n'ai pas trouvé la façon de raconter une histoire et de toucher les gens avec un cheminement musical. »

# d

**D'eux** Album écrit et réalisé en 1995 par Jean-Jacques Goldman pour Céline Dion.

**Si l'album fait découvrir la québécoise aux Français, il a également le mérite de révéler une nouvelle Céline Dion.** Autant les compositions que les arrangements de Jean-Jacques parfont la pureté de la voix de Céline. En effet, Goldman, mieux que les Américains, a su mettre en valeur et en avant, la fragilité et la fébrile suavité de la voix de la chanteuse. Il raconte d'ailleurs que, contrairement aux réalisateurs d'outre-Atlantique, il a fait faire beaucoup moins de prises de voix à Céline Dion, préférant le naturel de ses interprétations à la perfection technique de sa performance.

**Côté vente, l'album *D'eux* bat tous les records.** Le titre *Pour que tu m'aimes* encore occupe plusieurs mois la tête du Top 50. Quant à l'album (qui, lui, reste 44 semaines d'affilée n°1), il passe la barre des 4 millions de ventes françaises – un record historique en France –, s'écoulant au total à plus de 7 millions d'exemplaires. Goldman reçoit une Victoire de la musique pour la chanson *Pour que tu m'aimes encore* en 1996. Bref, si Céline Dion avait déjà mis un pied en Europe en remportant l'Eurovision (en tant que candidate suisse) en 1988, elle s'impose définitivement en France grâce à

Goldman. L'album, qui sort aux États-Unis sous le titre *The French album,* marchera également très bien. Enfin, sur l'album anglais qui sort en 1996, *Falling Into You,* Céline Dion reprend trois titres de l'album *D'eux* dans leur version anglo-saxonne : *Je sais pas* devient *I don't know, Pour que tu m'aimes encore* mue en *If that's what it takes* et pour *Vole,* Céline chante *Fly* (cet album reçoit deux Emmy Awards : album et album pop de l'année 1997). Quatre ans plus tard, en 1998, le couple Goldman-Dion remet ça avec *S'il suffisait d'aimer.*

**Démodé** C'est le titre du premier album de Goldman qui sort en 1981. Plus exactement, c'est le titre que voulait donner Jean-Jacques à son premier album. Mais la maison de disques le refuse. Le disque sortira donc sans titre. Il faut préciser que, à l'époque, pour la maison de disques, l'album de Goldman n'est pas une priorité : il sort en même temps que trois autres productions considérées comme nettement plus importantes. Le premier single, *Il suffira d'un signe,* se vend à 500 000 exemplaires.

**De Palmas (Gérald)** En 2000, Jean-Jacques aide à la renaissance du chanteur et guitariste Gérald De Palmas. En effet, l'auteur du tube *Sur la route,* en 1994, séchait sur la composition de son nouvel album. C'est lors du festival Solidays, en juillet 1999, auquel participe Jean-Jacques et Michaël Jones, que De Palmas (avec qui ils interprètent *Proud Mary*) glisse à Goldman qu'il est un peu en panne d'inspiration pour les textes de son troisième album. Après avoir écouté quelques musiques, Jean-Jacques écrit le texte *J'en rêve encore* pour Gérald. Le guitariste expliquera ensuite que la confiance que lui porte alors Goldman lui redonne courage pour finir son album. *Marcher dans le sable* sort le 17 octobre 2000 et se vend à 1,4 millions d'exemplaires.

## Diamant d'or

En 1983, Goldman reçoit le *Diamant d'or* de la chanson française. Il vient de sortir le deuxième extrait de son deuxième album, *Comme toi,* qui fait un carton à l'époque (juste avant *Au bout de mes rêves*).

## Dion (Céline)

Céline Dion occupe une place particulière dans la collection de collaborations de Goldman puisque c'est la seule artiste avec laquelle Jean-Jacques a lui-même demandé à travailler. Avec 140 millions d'exemplaires de ses 35 albums vendus dans le monde, Céline Dion est sans conteste l'une des artistes les plus marquantes de ces dernières décennies. Après René Angelil et Luc Plamondon, Jean-Jacques Goldman est une nouvelle rencontre majeure dans l'ascension internationale de « la Céline ». Il lui offre deux albums français. Deux opus qui n'ont pas seulement l'intérêt de faire chanter la québécoise en français : ils proposent des arrangements différents de ce que l'on pouvait entendre et qui font indéniablement naître une nouvelle Dion.

**Les deux artistes se rencontrent en 1994, puis ils chantent ensemble** *Là-bas* lors de la soirée des Enfoirés au Grand Rex. Inspiré et impressionné par sa voix (« Elle a une voix exceptionnelle. En la rencontrant, je me suis rendu compte que sa voix était encore plus intéressante que je ne me l'imaginais »), Jean-Jacques commence à lui écrire quelques titres. Céline Dion est immédiatement séduite par les chansons. De cette collaboration naît *D'eux,* l'album de tous les records, en 1995. Puis *S'il suffisait d'aimer,* en 1998. En juin 1999, Jean-Jacques monte sur la scène du Stade de France, pour chanter *J'irai où tu iras* avec Céline.

## Dufourmantelle

C'est un homme d'église, le père Dufourmantelle, qui permet à Jean-Jacques Goldman d'enregistrer son premier disque, en 1966. Il s'agit du prêtre de la paroisse de Montrouge, banlieue parisienne où habite Jean-Jacques, qui accueille The Red Mountain Gospellers, le premier groupe (de gospel) de Jean-Jacques. L'homme propose au groupe d'auto-produire un 45 tours, qui sera vendu à la sortie de l'église pour rentrer dans ses frais ! (voir **Red Mountain Gospellers (the)**).

## *Du New Morning au Zenith*

Onzième album, enregistré en public, sorti en juin 1995.

**CD 1 :** ***Veiller tard – Ne lui dis pas – Quelque chose de bizarre – Jeanine médicament blues – Il part – Il y a – P'tit blues peinard – Confidentiel – C'est pas d'l'amour – Un, deux, trois – Pas toi –Think – Knock on wood – Tobacco road – Serre-moi (début) – Des vôtres – Envole-moi***

**CD 2 :** ***Que disent les chansons du monde ? – Comme toi – Être le premier – Je commence demain – Des vies – On n'a pas changé – Frères – Juste après – À nos actes manqués – Fermer les yeux – Il suffira d'un signe – Rouge – Puisque tu pars – Serre-moi (fin)***

Cet album retrace deux séries de souvenirs de scène. La première vient des concerts donnés au *New Morning* au profit d'Amnesty International, les 26, 27, 28 et 29 avril 1994. La deuxième émane de la tournée plus classique passant par des grandes salles comme les Zéniths. Ce *live* a donc l'avantage de retranscrire deux ambiances musicales totalement différentes et de donner ainsi l'aperçu de chansons dans des univers opposés. On ne se cachera pas toute la sensibilité qu'offre la sélection enregistrée au *New Morning* qui met en avant le répertoire préféré de Jean-Jacques et surtout commun à ses compères, Jones et Fredericks qui reprennent des titres fondateurs comme *Think, Knock On Wood* ou *Tobacco road.* Ce double *live* devient très rapidement disque de platine, dépassant sans peine les 600 000 exemplaires vendus.

## Dylan (Bob)

Le folk-singer américain est une référence pour Jean-Jacques Goldman. Bob Dylan, alias Robert Zimmerman, est l'un des guitaristes auteurs-compositeurs-interprètes les plus marquants du rock américain. Ses compositions et leurs messages (*protest-song*) ont bercé les générations des années 1960 et 1970. Avec des albums comme *Highway 61 revisited, Blonde on blonde* ou *Blood on the tracks,* il fut un maître pour de nombreux chanteurs français, dont Cabrel, Souchon et… Goldman : « Sur la façon d'écrire, c'est toujours pour moi, un Graal. Il y a certaines chansons de lui que l'on voudrait approcher mais qu'on n'atteindra jamais. »

# e

## École

Élève discret et sage (« incapable de tricher, de sécher les cours », confesse-t-il), Goldman n'est pas un mordu de l'école. Il s'y ennuie et garde de mauvais souvenirs de sa scolarisation. « J'étais un élève moyen, discipliné, qui passait très inaperçu. J'ai toujours souffert de l'école. Je ne m'y suis jamais adapté. »

## *Elle a fait un bébé toute seule*

C'est une chanson marquante de la carrière de Jean-Jacques Goldman. Extraite de l'album *Entre gris clair et gris foncé,* elle sort en juin 1987 et marche très fort. Pourtant, ses rythmes et ses arrangement cajuns (banjo – harmonica) ne prédisposent pas la chanson à un avenir forcément radieux. Jean-Jacques, lui-même, ne croit pas au succès du titre ! La chanson est également révélatrice de l'implication de Jean-Jacques dans la société. En effet, pour lui, une chanson est un instantané de l'air du temps, une photographie de l'époque à un moment donné. Avec *Elle a fait un bébé toute seule,* il évoque les femmes qui font deux journées en une à un moment où le mariage n'a plus la cote, où la famille monoparentale est devenu la norme. C'est l'une des forces (et l'une des explications du succès durable) de Goldman : être en prise permanente avec la société dans laquelle il vit et savoir traduire efficacement, dans le temps imparti d'une chanson et avec ses contraintes de construction, les mouvements de la société.

## Enfants

Jean-Jacques Goldman a trois enfants : Caroline, née en 1975, Michaël, né en 1979, et Nina née en 1985.

## *En passant*

Neuvième album studio, il marque le retour à un Jean-Jacques en solo.

***Sache que je – Bonne idée – Tout était dit – Quand tu danses – Le coureur – Juste quelques hommes – Nos mains – Natacha – Les murailles – On ira – En passant***

Après l'âge du trio avec Jones et Fredericks, Goldman change à nouveau d'ère. *En passant* est d'une grande réussite. Cet album est discret et secret à plusieurs titres. Il sort sans trompette ni fanfare. En effet, Goldman veut minimiser le raout médiatique que créé son nom à chaque nouvelle actualité. Pour cela, il annonce à tout le monde – même à sa maison de disques – que son album sortira en décembre, sachant parfaitement qu'il serait prêt dès la fin août (« C'était volontaire. Je n'aime pas qu'un album soit très attendu car il ne peut que décevoir »). Discret, l'album l'est ensuite dans son contenu : après la période du trio et des albums à grands moyens musicaux comme *Rouge,* Jean-Jacques revient à une intimité guitare-voix régénératrice dans l'œuvre du musicien et qui n'est pas sans rappeler l'humeur des compositions dylaniennes. Le premier single, *Sache que je,* qui sort le 12 juillet donne le *la* puisque Goldman y décrit son incapacité à dire « je t'aime ». Dans cet album dépouillé, acoustique, les airs de blues soutenus par de nombreuses guitares portent une mélancolie intense, accentuée par quelques sons puisés dans la culture juive de Goldman (le violon tzigane qui n'avais pas été mis en avant depuis *Comme toi*). À coup sûr, l'ensemble de l'album correspond à l'humeur particulière de Jean-Jacques à ce moment. Musicalement, le parallèle avec la deuxième partie du magistral *Entre gris clair et gris foncé* ne sera pas renié par l'auteur lui-même. Un retour au source, un tournant musical, bref, Goldman revient là où on ne l'attend pas et ça n'effraie pas le succès puisque l'album s'arrache à 400 000 exemplaires en une semaine et passe rapidement la barre du disque de diamant (un million de ventes). Sur la construction de l'album, Jean-Jacques raconte : « Les premières chansons qui sont arrivées, *Bonne idée* et *Quand tu danses,* se sont révélées être des titres acoustiques. Les autres ont suivi dans la même veine, sans que je cherche à orienter la direction musicale. Au final, cela donne un disque plus intimiste. *On ira* est vraiment arrivé au dernier moment. Il me fallait une chanson rapide qui soit également une ballade. *On ira* convient à ce que je cherchais. » À noter que le titre *En passant,* qui donne son nom à l'album a failli passer par la voix de Céline Dion, Goldman décidant finalement de la garder dans son propre répertoire.

## En Passant Tournée 1998

C'est le cinquième *live* : un double album sorti le 15 juin 1999 (enregistré au Zénith de Paris en juin et novembre 1998).

**CD1 :** ***On ira – Bonne idée – La vie par procuration – Ne lui dis pas – Tout était dit – Elle attend – Le rapt – Pas toi – Elle a fait un bébé toute seule – Le coureur – Là-bas – Natacha – Quand tu danses***

**CD 2 :** ***À nos actes manqués – Nos mains – Je te donne – Peur de rien (blues) – Au bout de mes rêves – Il suffira d'un signe – Quand la musique est bonne – Sache que je – Pour que tu m'aimes encore***

Comme il est de coutume désormais chez Goldman, une tournée suit la sortie de l'album *En Passant*. Après quelques concerts de rodage à La Réunion en mars 1998, il enchaîne 130 dates à travers la France, jusqu'au 16 janvier 1999. Lors de cette tournée, Goldman a gagné l'audacieux pari de créer une ambiance chaleureuse chaque soir, réussissant à nouer une relation détachée du fanatisme qui caractérise une partie du public goldmanien. Grâce à une première partie étonnante (un caméraman filmant le public sur les écrans géants de la salle et communiquant grâce à des incrustations), le public se sent investi et pleinement concerné par le show. De son côté, Goldman donne beaucoup : humour (reprise de *Pas toi* dans différents styles musicaux ou version imagée de *Je te donne*), mise en scène (début seul à la guitare, les musiciens sortant de dessous la scène, un impressionnant orage musical et final), de l'émotion (karaoké sur *Là-bas*), des nostalgiques fonds de tiroirs (*Le rapt*)... Bref, une mécanique de concert rare en France qui sait allier grandiloquence des méga-shows à l'américaine et intimisme musical. Et ce double album de tournée retrace sans en perdre une miette cette efficace alchimie.

## Ensemble

*Ensemble* est le premier extrait de l'album *Chansons pour les pieds.* Et le moins qu'on puisse dire c'est que Goldman a surpris tout le monde. Le titre n'est rien de moins qu'un canon suivi d'une chorale ! Bref, Goldman aime dérouter son monde dès qu'il le peut, comme il l'avait fait avec la surprenante et cajun *Elle a fait un bébé toute seule* pour amorcer l'album *Entre gris clair et gris foncé.* Au-delà de la surprise, *Ensemble* a une histoire particulière. En août 2000, Goldman participe à « La semaine chantante », un festival de chœur qui se déroule tous les ans à Alès (Gard) au cours duquel des chorales travaillent l'œuvre d'un artiste pendant une semaine. Lors de la soirée de clôture du festival, les choristes se produisent en concert avec l'artiste lui-même. Cette année-là, avec Jean-Jacques, près de 1 000 choristes reprennent *Peur de rien blues, Puisque tu pars* et *Rouge.* À la fin du set, ému par l'événement, Goldman déclare aux chœurs : « un jour j'écrirais une chanson qui s'appellera *Ensemble* et vous saurez qu'elle est née ici. » L'année suivante, Goldman revient cette fois pour enregistrer la partie chœur du titre *Ensemble,* avec 500 choristes. Autant le dire, l'enregistrement est aussi impressionnant qu'émouvant. Plus fort encore : quelques jours après, il revient interpréter le titre en *live,* cette fois, avec 1 000 voix !

## Entre Gris Clair et Gris Foncé

Cinquième album studio (double) sorti en octobre 1987.

**CD 1 :** ***(Intro) À quoi tu sers ? – Il changeait la vie – Là-bas – Entre gris clair et gris foncé – C'est ta chance – Puisque tu pars – Des bouts de moi – Fais des bébés***

**CD 2 :** ***Filles faciles – Je commence demain – Elle a fait un bébé toute seule – Quelque part quelqu'un – Qu'elle soit elle – Doux – Reprendre c'est voler – Il y a – Peur de rien blues – Appartenir***

Enregistré entre décembre 1986 et l'été 1987, *Entre gris clair et gris foncé* marque la fin d'une période pour Goldman. C'est le dernier album solo avant deux albums avec Jones et Fredericks. Et ce double album est, à coup sûr, un aboutissement. Le cheminement de Goldman depuis son premier enregistrement en 1967, le conduit à ce « Gris clair ». Les vingt titres proposent la palette complète du savoir-faire Goldman, des titres tubesques comme *Il changeait la vie* ou *C'est ta chance* – plutôt sur le premier disque – à une prose intimiste avec *Il y a, Doux* ou *Filles faciles* – sur le second vinyle. D'ailleurs, ces derniers titres, enregistrés en *live* avec quelques musiciens, font parties des chansons écrites par Goldman alors qu'il tentait de se lancer en solo (à l'heure de la sortie de ses trois 45 tours) avant *Il suffira d'un signe*. Au départ, Goldman n'est pas décidé à enregistrer un double album. Pourtant, face à la débauche de synthétiseurs et de machines qu'il utilise pour ses premières chansons, il sent le besoin de contrebalancer et de rééquilibrer la teneur général de l'album avec des titres plus acoustiques. Par ailleurs, Jean-Jacques sent qu'il est temps de profiter du succès de son précédent album pour sortir enfin ses vieux titres des tiroirs (« J'ai pensé que c'était le moment ou jamais de sortir ces chansons, sinon elles allaient mourir définitivement dans ma cave »). Au final, *Entre gris clair et gris foncé* est un très bel album et, suite aux succès des *Elle a fait un bébé toute seule, Il changeait la vie, C'est ta chance, Puisque tu pars* et surtout *Là-bas,* 250 000 exemplaires partent en un mois. Aujourd'hui, il a dépassé le million d'exemplaires.

**Etchegoyen (Alain)** Professeur, philosophe, normalien et agrégé de philosophie, Alain Etchegoyen a écrit un livre en collaboration avec Jean-Jacques Goldman. *Les pères ont des enfants* est une discussion de deux hommes sur l'évolution du système éducatif, de la place de l'enfant dans la société, de l'autorité parentale et de l'influence des différents événements politiques sur le sujet. L'ouvrage est sorti le 5 novembre 1999.

**Études** Goldman obtient son bac D (au lycée François-Villon, dans le 15e arrondissement à Paris) en 1969. Pendant l'année scolaire 1969-1970, il suit une prépa HEC (au lycée parisien Lavoisier). Après la prépa, en 1971, Jean-Jacques intègre l'EDHEC (École de hautes études commerciales) à Lille, dont il obtient le diplôme en 1973. Parallèlement, il obtient un DUEL de sociologie.

# f

**Famille** Jean-Jacques est le troisième enfant d'une famille de quatre. Il a un demi-frère Pierre (né le 22 juin 1944 et assassiné en 1979), une sœur Évelyne (née en 1950) et un frère Robert (né le 6 juin 1953). De son côté, Jean-Jacques épouse Catherine en 1975. Ils deviennent parents de Caroline (1975), Michaël (1979) puis de Nina (1985). Jean-Jacques se remarie le 13 octobre 2001.

**Ferré (Léo)** Chanteur français anarchiste et contestataire auteur notamment d'*Avec le temps* ou *C'est extra*. Au début des années 1970, Jean-Jacques connaît peu la chanson française. En pleine période de groupe, à Lille, il est influencé par la musique anglo-saxonne. En 1971, Goldman décide d'aller voir le groupe Zoo (groupe alternatif des années 1970) qui joue à ce moment avec Léo Ferré (ils viennent d'enregistrer un album ensemble). Goldman reste finalement écouter Ferré et… prend une claque : la variété peut être rock ! « Je me suis retrouvé cloué sur ma chaise. Je n'ai pas compris ce qui m'arrivait. Et puis j'ai compris que c'était possible en français, qu'il y a des mots qui peuvent tuer. Il m'a vraiment eu. Il est inhumain. Devant Ferré, qui que tu sois, tu es un petit garçon. Tous les mots, comme poésie, mysticisme, dont quinze ans d'éducation nationale avaient réussi à me dégoûter, je les ai compris. La force des mots... le poids des mots, le choc des notes ! Le personnage, aussi. J'ai compris que tout ce qui était génial était forcément un peu ridicule : Ferré, Higelin, Lalanne... Ils sont sans arrêt à la limite ; c'est ça qui les rend sublimes. Il faut frôler le ridicule pour arriver à la force. Moi, je n'arriverai jamais à prendre ce risque. »

**Ferry (Catherine)** Chanteuse et compagne de Daniel Balavoine pendant un temps. Pour elle, Jean-Jacques termine la chanson *Quelqu'un quelque part* commencée par Balavoine, mais disparu trop tôt dans les dunes africaines. En 1986, au moment de la mort de Daniel Balavoine, Goldman interprétera *Confidentiel* en son hommage dans l'émission *Champs-Elysées* de Michel Drucker.

**Franklin (Aretha)** C'est le premier coup de cœur et choc musical de Jean-Jacques Goldman. Lady soul n'a que seize ans quand elle enregistre son premier album *The Gospel sound of Aretha* (1960). Puis elle est repérée par John Hammond, le découvreur de Bob Dylan, avant de connaître le succès avec notamment *I Never Loved a Man* (1967) puis *Chain of Fools, (You Make Me Feel Like) A Natural Woman* et surtout *Think*. C'est d'ailleurs ce titre, entendu pendant un camp scout, qui « change la vie » de Jean-Jacques. Lors des quatre concerts au New-Morning, en 1994, il reprend ce titre avec Carole Fredericks, Yvon Jones et Michaël Jones.

**Fredericks (Carole)** Chanteuse et complice de Jean-Jacques Goldman, disparu le 7 juin 2001 à Dakar. Sœur du bluesman Taj Mahal, Carole Fredericks a commencé sa carrière en France comme choriste – en studio puis sur scène – des pointures de la variété française (Dalida, Hallyday, Vartan, Voulzy, Berger, Eddy Mitchell...). Après avoir été mise en avant par Jean-Jacques Goldman, elle sort plusieurs disques solo, mais aura du mal à se défaire de son image de choriste.

**La rencontre avec Jean-Jacques a lieu en 1986 alors qu'il l'invite à participer à sa nouvelle tournée.** C'est ainsi qu'elle devient membre à part entière de la famille Goldman. Elle ne cesse ensuite de faire les chœurs sur les albums de Jean-Jacques (dès *Entre gris clair et gris foncé*) et de participer aux différentes tournées (dès la tournée *Traces*). Après avoir chanté *Brother,* la chanson titre de la B.O. du film *L'union sacrée* composée par Goldman, elle devient, en 1989, un pilier du trio. S'enchaînent ensuite albums et tournées qui donnent les albums : *Fredericks Goldman Jones* (1990), *Fredericks Goldman Jones sur scène* (1992), *Rouge* (1994) et *Du New Morning au Zénith* en 1995. Ensuite, Carole se lance en solo. En décembre 1995, la chanteuse sort *Springfield,* son premier album (dont deux titres, *Change* et *Jesus in me,* sont composés par Goldman). Le 18 août 1998, elle sort *Personne ne saurait* (Goldman – Vénéruso), un duo avec les Poetic Lover. En avril 1999, dans *Couleurs et Parfums,* son deuxième album solo, Fredericks fait une reprise rythm'n'blues d'*Au bout de mes rêves.* À la fin de l'année 2000, elle donne un concert à L'auditorium Saint Germain (Paris) où Jean-Jacques vient interpréter en duo *Au bout de mes rêves.*

## Fredericks Goldman Jones

Premier album du trio sorti en novembre 1990.

*C'est pas d'l'amour – Vivre cent vies – Né en 17 à Leidenstadt – Un, deux, trois – Tu manques – Je l'aime aussi – Chanson d'amour – À nos actes manqués – Peurs – Nuit.*

En novembre 1990, c'est le slow *Nuit,* qui donne un avant goût du nouvel album de Goldman (qui suit en décembre). Et, changement majeur, Goldman n'est plus seul : sur ce titre, comme sur l'ensemble de l'album, ses complices Jones et Fredericks partagent les pistes au même titre que lui. Du statut de musicien et choriste, Jean-Jacques leur offre un fauteuil de « chanteur-lead ». Après sa tournée (jusqu'en août 1989) et les enfoirés, Goldman a préparé cet album de janvier à octobre 1990.

**Après le somptueux *Entre gris clair et gris foncé,* Goldman, fuyant toujours les redondances,** décide donc de mettre sa carrière solo en sourdine pour former un trio avec son guitariste et sa choriste. Sa motivation : les voix ! Il faut dire que depuis sa période passée chez les scouts, Goldman affectionne particulièrement le mariage et les mélanges des voix. La sienne, il la travaille et porte une attention particulière à ses arrangements depuis ses premiers albums (*Sans un mot, Le rapt, Être le premier, Envole-moi, Long is the road*...). Et à ce moment-là de sa carrière, il a déjà sorti deux duos : *Je* *te donne* et *Là-bas.* Mais surtout, c'est l'influence de la cohésion musicale des tournées qu'il a partagé avec ses deux compères et ses toutes nouvelles compositions (de nombreux duos et trios), qui le poussent à enregistrer à trois voix. « Dans les chansons on se répond, on chante ensemble, dit-il. C'est une chose qui m'a redonné envie. J'ai eu l'impression de faire quelque chose de nouveau. » Au long de ces dix titres, Goldman marie la spécificité des voix de chacun (les accents anglais, la profondeur du blues de Carole ou la douceur timide de la voix de Michaël) et écrit également en fonction des histoires personnelles (*Un, deux, trois, Né en 17 à Leidenstad...*). Ce qui démontre, s'il était besoin, combien l'avènement du trio n'est pas un artifice commercial, mais bien une volonté artistique. Goldman retrouve un peu l'esprit de groupe qu'il apprécie lors des tournées, mais également celui de ses débuts (période Phalansters). Précisons que, voulant privilégier les voix et les guitares, Goldman livre l'entière production aux machines (ordinateurs, boîtes à rythmes...) d'Érick Benzi et Andy Scott, ce qui est sûrement le point faible de cet album (un écueil évité sur le dépouillé *En Passant,* finalement le véritable album « voix et guitare » – titre envisagé par Goldman pour le *Fredericks Goldman Jones* – de Jean-Jacques). Toujours est-il que le nouveau virage de Goldman ne déroute pas le public qui court acheter l'album : 600 000 ventes en six mois.

## *Fredericks Goldman Jones sur scène*

Troisième album *live* sorti en 1992 dans un coffret en métal (c'est le premier d'une longue série).

*Nuit – À quoi tu sers ? – Il suffira d'un signe – Un, deux, trois – Je commence demain – Peurs – Je l'aime aussi – Là-bas – Vivre cent vies – C'est pas d'l'amour – À nos actes manqués.*

L'album studio *Fredericks Goldman Jones* sorti en décembre 1990 donne très rapidement lieu à une tournée puisque le trio monte sur la scène de mai à décembre 1991. Des concerts suivis de quelques dates à l'étranger (notamment en Asie).

# g

**Gang** Album de Johnny Hallyday sorti en décembre 1986, écrit et réalisé par Jean-Jacques Goldman.

**Après le succès de *Rock 'n' Roll Attitude*, réalisé par Michel Berger,** l'ancien patron de CBS cherche un nouveau mentor pour Johnny Hallyday. On suggère l'aventure à Jean-Jacques qui accepte le challenge. Les deux hommes doivent commencer par coordonner leurs agendas car Goldman est pris par les tournées et Johnny par le cinéma. Jean-Jacques commence donc à écrire de son côté, mais apporte également à Hallyday des titres écrit à son intention deux ans auparavant, comme *Dans mes nuits* ou *L'envie*. Au cours de l'enregistrement, Johnny est impressionné par Goldman : « Jean-Jacques apprend à m'apprivoiser. Je suis redevenu muet. J'envie son talent et son professionnalisme (…) Nous travaillons à plein temps. Goldman est omniprésent, à tous les postes : il joue du synthé, de la guitare électrique et acoustique. Il se glisse même dans les chœurs… Bonjour l'homme-orchestre ! » Des dix titres écrits par Goldman, *Je t'attends, J'oublierais ton nom, Laura* ou encore *L'envie* ont été des tubes marquant dans la carrière du rocker national.

## Gassian (Claude)

C'est le photographe français de référence dans la musique en France. Il a shooté bon nombre d'internationaux, mais surtout, ses objectifs ont capté tous les chanteurs français. Tous ! Claude Gassian a développé une complicité particulière, une amitié même, avec Jean-Jacques. Elle s'est d'abord concrétisée dans un livre de photos de Jean-Jacques avec Carole Fredericks et Michaël Jones prises au cours de tournées (paru en 1991). Leur entente a atteint son apogée pour l'album *En passant* en 1997. En effet, outre la pochette (une photo de Goldman), le livret présente des clichés inédits de Gassian : chaque chanson est accompagnée d'une photo en noir et blanc correspondant à l'humeur et à l'univers du titre en question. Voici le petit mot que glisse Goldman en fin du livret d'*En passant :* « Nous flânons donc. De ces flâneries, certains tirent des reportages ou des livres, des films, des chansons ou des photos qu'ils montrent. Depuis longtemps, Gassian et moi remarquons la même petite fêlure aux coins des building, la même ridule sous les maquillages, le même frisson dans les soirs d'été. Parfois, ses photos illustrent mes chansons, parfois c'est l'inverse. Et parfois d'autres flâneurs s'y arrêtent. En passant. »

## Génération Goldman

En 1988, le magazine *Le Nouvel Observateur* fait sa une sur la « génération Goldman » : l'hebdomadaire positionne Jean-Jacques comme représentant de la génération qui a manifesté pour SOS Racisme, trois ans auparavant. À l'époque, Goldman, n'accepte pas cette étiquette de *leader* : « C'était simplement un mot dans un journal et il ne faut pas croire ce qu'il y a dans les journaux, je trouve que c'était ridicule et absolument pas fondé. » Treize ans plus tard, voici comment il qualifie la génération Goldman version 2001 : « Je la sens bien intégrée à la société. Ceux qui me suivent depuis mes débuts sont très souvent dans la vie associative, ou profs ou instituteurs. Ils cherchent ou ont une dimension autre que strictement matérialiste, souvent un lien avec la religion. »

## Goldman (Pierre)

Pierre Goldman (1944 – 1979) était le demi-frère de Jean-Jacques. Plus vieux que lui de six ans, il était écrivain et surtout révolutionnaire devenu une icône de l'extrême gauche des années 1970 en France. Après avoir été acquitté d'une accusation de meurtre (à la suite de plusieurs procès et d'une forte mobilisation politique), il est abattu en pleine rue, devant chez lui, par un commando d'extrême droite, « Honneurs de la police ».

**Jean-Jacques évoque rarement ce frère.** Il parle d'un attachement relatif, d'une part à cause de la différence d'âge, ensuite parce que Jean-Jacques n'a jamais été un militant. Voici ce qu'il en disait à Philippe Labro : « L'histoire de Pierre Goldman est indissociable de celle de mon père. C'est un prolongement. Il y a eu comme une mythologie autour du père, de son passé de combattant clandestin, et je ne saurais dire s'il n'a pas fait une identification, sauf que ce n'était plus la même époque, ni la bonne – puisqu'il n'y avait pas la guerre, la vraie… Il faut voir, aussi, que ce frère, enfant reconnu par mon père, a très tôt demandé à être émancipé, ce qui indiquait une volonté de rupture… Nous avons appris le côté « mauvais garçon », après ses aventures au

Venezuela, par les journaux, mais nous savions qu'il n'était pas intéressé par l'argent. On n'a jamais eu l'impression d'être loin de lui. J'ai toujours considéré que ses valeurs restaient les mêmes que les nôtres : amitié, idéalisme, fraternité ; une tendresse pour les faibles, la lutte contre les forts. »

**Goldman (Robert)** C'est le frère de Jean-Jacques Goldman, plus jeune que lui de deux ans, car il est né le 6 juin 1953. Il a travaillé avec Jean-Jacques à *Sport 2000,* le magasin de sport de Montrouge, avant de venir gérer l'ensemble des affaires de son frère. Robert compose depuis longtemps (faisant écouter ses mélodies à Jean-Jacques) et s'est récemment mis à écrire des paroles de chansons. Il signe sous le pseudonyme J. Kapler. Et autant dire qu'il n'a pas à envier le succès de Jean-Jacques : *Aller plus haut* pour Tina Arena, *Je sais pas* pour Céline Dion, *Simon Papa Tara* pour Yannick Noah, c'est lui ! Voici quelques autres chansons écrites par Robert Goldman : *Une place pour moi* (Florent Pagny), *Zora sourit* (Céline Dion), *Parle-moi, Quelques pleurs, Quand vos cœurs m'appellent* (Isabelle Boulay), *La voix des sages, Madingwa, Jamafrica* (Yannick Noah), *All I have is my soul, Je n'ai que mon âme* (Natasha St Pier), *Champagne, champagne* (Vanessa Amorossi), *Je ne veux qu'elle* (Marc Lavoine et Claire Keim), *Si tu m'entends* (Frederic Lerner), *Derrière les voiles* (Sophia Mestari), *Dis-lui, Julia, Kibera, Un océan de peine* (Roch Voisine). Et Kapler vu par Jean-Jacques, ça donne : « Robert est un dilettante qui apprend vite et bien et il ne se prend pas pour ce qu'il n'est pas. »

## Groupes

Comme beaucoup de musiciens de sa génération (Jonasz, Balavoine, Cabrel...), Jean-Jacques Goldman a joué pendant 15 ans dans des groupes avant d'entamer une carrière solo. Parmi eux, The Red Mountain Gospellers (groupe de la paroisse de Montrouge), Phalansters (des groupes de bals, auxquels Jean-Jacques rend hommage dans l'album *Chansons pour les pieds*), ou encore Taï-Phong. Goldman retrouvera l'ambiance de groupe lors de ses tournées, sur scène, mais surtout en formant le trio avec Michaël Jones et Carole Fredericks.

## Guitaristes

Jean-Jacques préfère le piano pour la composition et la guitare pour la scène. Il n'hésite pas à faire appel à des guitaristes de talents comme Michaël Jones mais aussi Patrice Tison, récemment disparu, qui jouait les parties de « guitares d'ambiance ». « Comme je sais précisément ce que chacun des guitaristes avec lesquels je travaille peut faire, je demande à chacun d'eux de jouer comme d'habitude. En agissant de la sorte, aucun risque d'avoir de mauvaises surprises. Pour Patrice, je lui laisse une totale liberté. L'écouter jouer constitue un tel bonheur que je ne peux m'empêcher de vivre ces moments comme une véritable partie de plaisir. »

# h

**Hallyday (Johnny)** L'idole des jeunes des années 1960 est devenu une institution musicale française quarante ans plus tard. Jean-Philippe Smet (né en 1943) s'est imposé en France grâce à son charisme et ses interprétations scéniques mais également à travers ses tubes, de *Retiens la nuit* à *Sang pour sang* en passant par *Laura* et *Quelque chose de Tennessee*.

**C'est en 1986 que la route de Goldman croise celle du mythe.** Johnny sort du succès de l'album concocté pour lui par Michel Berger, et Alain Lévy, le directeur de CBS de l'époque, cherche une nouvelle personnalité marquante pour tenir les commandes du prochain album de son interprète. Il appelle Goldman (les deux hommes se connaissent bien), qui accepte de se lancer dans la production et la réalisation de ce qui deviendra l'album *Gang*. Jean-Jacques commence a travailler sans l'artiste puisque lui, est en tournée et Johnny tourne *Terminus* en Hongrie. La correspondance épistolaire se concrétisera durant l'enregistrement, pendant lequel les deux hommes apprendront à se connaître. Goldman, peu sensible à la notion de star, avouera tout de même que Hallyday « dégage quelque chose de spécial que je n'ai jamais retrouvé en face de quelqu'un d'autre ». L'album *Gang* sort en décembre 1986. En 1995, il réitère l'expérience en produisant et réalisant l'album *Lorada*.

Jean-Jacques se fait aider cette fois par l'équipe de Canada (Gildas Arzel, Érick Benzi et Jacques Veneruso). Enfin, Goldman monte sur scène à l'occasion de la prestation de Johnny au Stade de France en 1998, pour interpréter en duo *J'la croise tous les matins* (duo que l'on retrouve sur le double *live, Johnny allume le feu*).

## Helliwell (John)

John Helliwell est sûrement moins connu pour son nom que pour le son de son saxophone : qui ne connaît pas le solo magique de *Logical song,* sur l'album *Breakfast in America* du groupe Supertramp ? John Helliwell est venu participer à *Positif,* le troisième album de Goldman sorti en 1984.

## *Herald Tribune*

Alors que la presse française s'est déchaînée contre Jean-Jacques Goldman, le quotidien américain Herald Tribune lui rend hommage sous le titre *Normal Pop Idol* à l'occasion de son passage sur la scène du Palladium de New York, le 3 mars 1988. Le journal écrit : *« After years in which youth and its music came to be synonymous with protest and cynicism, Goldman, 35, has come to represent a cult of tolerance and traditional family values transmitted through his often raucous singing and his quieter, well-behaved personal image »*, c'est-à-dire « Après des années durant lesquelles les jeunes et leur musique étaient synonymes de revendication et de cynisme, Goldman, 35 ans, en arrive à représenter le culte de la tolérance et les valeurs de la famille traditionnelle à travers ses chansons, son calme et son image assez propre-sur-lui. »

# I

## Influences

Voici quelques influences musicales, citées par Jean-Jacques lui-même, hormis Aretha Franklin et Léo Ferré : Michel Berger, Bob Dylan, Elton John, Jimi Hendrix, Johhny Winter, Deep Purple…

## Instruments de musique

Le premier instrument de Goldman est le violon dont il apprend à jouer de sept à quinze ans, grâce à un cours de quartier. Il en écrira un solo dans le tube *Comme toi,* en 1982. Il jouera également du violon comme un musicien de scène sur la tournée de Gildas Arzel, en 1997. Évidement, Jean-Jacques joue aussi du piano (qu'il a appris parallèlement au violon) et de la guitare (qu'il a commencé en 1965).

## International

Au début de la carrière de Goldman, emballée par le succès immédiat de ses chansons en France, la maison de disques veut le lancer à l'étranger. Pourtant, toutes les tentatives font un flop ! En 1983, son premier tube, *Il suffira d'un signe* connaît deux adaptations étrangères (signées Goldman) : pour l'Angleterre, *Hold on tight* est interprété par Linda Singer et pour l'Allemagne, c'est Jean-Jacques lui-même qui reprend *Just a little sign*. Il existe une version anglaise de *Quand la musique est bonne*. On notera également la sortie en Espagne de *Como tu* (*Comme toi*). L'année suivante, nouvelles tentatives avec *Love me away* (*Envole-moi*) et *Long is the road* en Angleterre, en Allemagne et en Espagne.

# i

## Jean-Jacques Goldman

Premier album sorti en 1981.

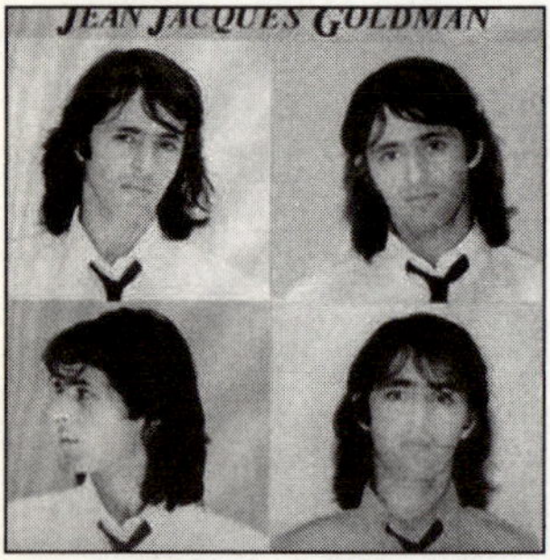


***À l'envers – Sans un mot – Brouillard – Pas l'indifférence – Il suffira d'un signe – J't'aimerai quand même – Autre histoire – Quelque chose de bizarre – Quel exil – Le rapt – Juste un petit moment.***

**Quand il sort son premier album, Goldman n'est pas un débutant :** il a trente ans, une femme, deux enfants, un boulot et pas mal d'expériences musicales différentes. Des raisons qui expliquent que Jean-Jacques débarque avec un premier album déjà très solide. Et même plus, il invente une variété-rock à la française. Michel Berger a tracé un sillon que creuse un peu plus Goldman en y distillant sa culture du blues et du rock anglo-saxon. Imaginez, Goldman a tellement l'impression d'être en marge qu'il veut intituler son album *Démodé* (titre refusé par la maison de disques). Et pourtant, pour le public, il va devenir une norme ! On retrouve tout Goldman dans ce premier album. Il a déjà le sens des mots (*Il* *suffira d'un signe*), mais surtout le sens de la formule musicale : la ligne de guitare d'*Il suffira d'un signe,* le gimmick de *Sans un mot,* le rock *Quel exil.* Par ailleurs, plus proches du style Berger, il maîtrise également les ballades : le guitare-voix *Brouillard,* les complaintes au piano *Pas l'indifférence* ou *Juste un petit moment.* Enfin, Goldman démontre indéniablement un impressionnant sens de l'arrangement, même si la réalisation pêche encore un peu dans sa finalisation et le son définitif de certains titres : *Le rapt* ou *Sans un mot* dans des styles différents montrent le potentiel de Jean-Jacques sur ce point. Reste la voix. Là, Goldman détonne encore, mais pas forcément dans le sens le plus agréable. Goldman sait que sa voix porte et se démarque quand il la place dans les aiguës. Pourtant, c'est également dans ce registre qu'elle n'est pas la plus juste (*Une autre histoire, J't'aimerai quand même, Le rapt*). Sa voix est indéniablement plus posée et plus agréable sur les ballades comme *Quelque chose de bizarre.* En fait, Jean-Jacques hérite de ses influences anglo-saxonne qui se chantent quelques tons plus hauts ! L'évolution de sa tessiture vocale sera l'un des changements les plus marquants entre le premier et le deuxième album. Côté texte, des paroles très ancrées dans le quotidien et notamment le sien (*Sans un mot, Il suffira d'un signe, Autre histoire, Quel exil*). À noter enfin que les fidèles Patrice Tison et Guy Delacroix sont déjà de la partie, contrairement à Marc Lumbroso qui fera son apparition sur la réalisation du deuxième album.

## *Jean-Jacques Goldman*

Deuxième album éponyme, sorti en 1982.

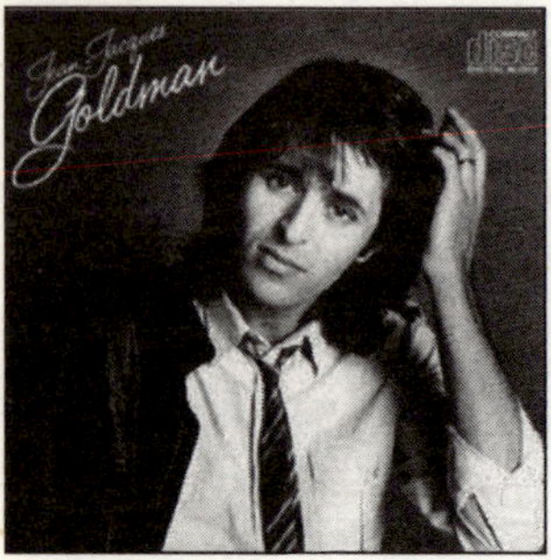


***Au bout de mes rêves – Comme toi – Toutes mes chaînes – Jeanine médicaments blues – Veiller tard – Quand la musique est bonne – Je ne vous parlerai pas d'elle – Être le premier – Si tu m'emmènes – Minoritaire – Quand la bouteille est vide***

Après le succès foudroyant du premier album, Goldman enchaîne rapidement – juste un an après – sur *Minoritaire*. Ce n'est pas pour autant que les deux albums sont identiques : certes, on retrouve la même efficacité, le même talent d'écriture et de composition, mais la réalisation n'a rien à voir. Et ça change tout. Ce qui pouvait hérisser quelque peu les tympans dans la voix de Jean-Jacques sur le premier album est transformé en atout. La voix est maîtrisée dans les aiguës (*J'irai au bout de mes rêves, Comme toi, Être le premier…*) et sensiblement modulée quand elle se pose (*Je ne vous parlerai pas d'elle, Veiller tard…*). C'est d'ailleurs sur la voix qu'on note une progression des arrangements : hormis les mixages, de nombreux doublages de voix et les harmonies sont plus maîtrisées que sur *Démodé*. Pour cela, entre les deux albums (et sûrement fort de son succès) Goldman a constitué une nouvelle équipe de production. Il arrange et réalise lui-même l'album aidé de Marc Lumbroso et s'entoure de Jean-Pierre Janiaud, qui fera le son Goldman durant quelques années ensuite et des meilleurs musiciens de la place de Paris au début des années 1980 : Guy Delacroix (basse), Patrice Tison (guitare) mais aussi Christophe Deschamps (batterie), Marc Chantereau (percussion), Jean-Yves d'Angelo (claviers) et Philippe Herpin (saxophone). Norbert Krief, alors guitariste du groupe de hard-rock français en vogue Trust (*Antisocial*) et aujourd'hui guitariste de Johnny Hallyday, vient glisser quelques notes sur le titre *Minoritaire* (Goldman l'a rencontré dans les couloirs de CBS alors qu'il faisait encore parti de Trust). Au final, avec un son beaucoup plus « rond », cet album affiche le style Goldman réellement abouti.

**Le premier single de l'album, *Quand la musique est bonne,*** est un carton qui conduit en quelques mois l'album à passer la barre des 200 000 exemplaires vendus. Mais le chiffre va grimper rapidement grâce aux singles suivants : *Comme toi, Au bout de mes rêves*. Bref, l'album distille son lot de tubes… Parmi eux, deux titres se distinguent. *Comme toi* impose Goldman dans un registre fort aussi bien sur le fond que sur la forme. Car il faut se rappeler qu'à l'époque, il est vu comme un chanteur pour ados ! Or la partie musicale de la chanson regorge des influences familiales de Jean-Jacques et met en avant le violon, violent et intense, de ses racines de l'est. Quant au thème, il revient sur la période noire de l'histoire récente, les conséquences de l'avènement du nazisme en Europe, une page particulièrement sensible pour Jean-Jacques puisque son père a dû fuir la Pologne avant de se réfugier en France. Et oui, ce jeune minet de la variété n'hésite pas à aborder, très justement, des thèmes graves et à les placer en tête des hit-parades ! Deuxième bijou de l'album : *Veiller tard*. Pendant longtemps, Goldman a dit préférer cette chanson dans son répertoire. Si le thème de la nuit n'est pas le plus original dans la chanson, le traitement de Jean-Jacques nous plonge dans une atmosphère plus que dans une chanson.

**Hormis l'efficacité des chansons,** le succès de Goldman à ce moment doit également une petite part à la naissance des radios libres accouchées par François Mitterrand qui leur impose un quota de chansons françaises. C'est pourquoi, utiles tout autant qu'efficaces, les tubes de Goldman vont donc passer en boucle sur la bande FM. Enfin, pour l'anecdote, notons que comme pour le premier album, Goldman s'est fait refusé son titre pour l'album : Jean-Jacques veut l'intituler *Minoritaire* et la maison de disques s'y oppose. *Minoritaire* est jugé trop négatif. Comme pour le premier album, Goldman ne lâche pas prise et l'album sort une nouvelle fois sans titre.

## Jean-Jacques Goldman en public

Album *live* sorti en 1986.

***Veiller tard – Compte pas sur moi – Envole-moi – Petite fille – Il suffira d'un signe – Elle attend – Long is the road (Américain) – Comme toi – La vie par procuration – Pas l'indifférence – Je te donne – Pas toi – Sans un mot – Ton autre chemin – Je marche seul – Quand la musique est bonne – Au bout de mes rêves – Encore un matin – Confidentiel.***

C'est le premier album live de Goldman après quatre albums studio. Un enregistrement de concert qui étonne par sa construction. En effet, contrairement à ce que l'on peut entendre dans toutes les captations de concert, chaque chanson est séparée par un silence, les dialogues de Goldman avec son public ayant été coupés. Sachant qu'un disque ne pourra jamais retranscrire l'ambiance vécue par le spectateur d'un concert, Jean-Jacques a choisi de ne garder que les versions différentes de ses chansons en *live*. Malgré cet étonnement de départ, ce premier *live* de Goldman résonne d'une étonnante chaleur.

**Jones (Michaël)** Guitariste gallois, il est le complice de Jean-Jacques Goldman depuis près de 25 ans, « sur scène, sur disque, et dans la vie » (comme dit Jean-Jacques lui-même). La rencontre entre les deux hommes a lieu bien avant le succès. C'est dans le groupe Taï Phong qu'ils font leurs premiers accords ensemble. En 1978, Goldman ne veut pas quitter son boulot pour faire les tournées, donc pour le remplacer, le groupe passe une petite annonce et embauche Michaël Jones. C'est lors de l'enregistrement du dernier album de Taï Phong, *Last flight,* que Jean-Jacques rencontrera le guitariste pour la première fois. Par la suite, Goldman rappellera Michaël Jones en 1982, « quand ça a commencé à marcher », dit-il. Il fera désormais partie de tous ses albums et de toutes ses tournées. En 1985, il interprète en duo *Je te donne* avant de devenir l'un des piliers de l'aventure Fredericks-Goldman-Jones pendant sept années. De son côté, en 1984, Michaël Jones interprète *Viens*, une chanson que Jean-Jacques signe sous le pseudonyme de Sweet Memories. Jones sort ensuite un album solo *Michael Jones and the Swinglers* en 1987 et *À consommer sans modération* en 1997. Voici quelques mots de Jean-Jacques à propos de son complice : « En France, on trouve des guitaristes très forts et inimitables. Mais il n'en existe pas qui jouent comme lui, avec des guitares saturées un peu à l'anglaise, à la hooligan. Même parmi les guitaristes de studio que j'employais régulièrement. » Et quelques mots de Michaël à propos de Jean-Jacques : « Je suis plutôt le genre à raconter n'importe quoi, tout ce qui me passe par la tête. Donc, on se complète bien parce qu'on est un petit peu les deux inverses. Le seul point commun en fait, c'est qu'on aime la même musique et on aime bien que ça avance. »

## Journal intime

De treize à dix-huit ans, Goldman a tenu un journal intime (quatre volumes !) dans lequel il a sûrement consigné ses premiers textes. Mais, aucun espoir pour les « fans-archéologues », toutes ces pages ont été brûlées par son auteur, lui-même, le jour de ses dix-huit ans !

## Judaïcité

Jean-Jacques n'a jamais caché son attachement à la culture juive, même si, dans sa famille de tradition communiste, la religion était « l'opium du peuple ». Voici ce qu'il déclarait au magazine *Paroles et Musique* en 1985, à propos de son rapport au judaïsme : « Il est plus intellectuel que pratique. Mes parents n'étaient pas pratiquants et je n'ai pas été élevé dans la religion. Je suis un ignare en matière de dogme et de fêtes religieuses. Il y avait un type qui disait : "Je me proclamerais juif tant qu'il y aura des antisémites." C'est un peu ce que je ressens. Il est hors de question que je ne le revendique pas quand on me pose la question ou bien que je change de nom comme me l'avait demandé la maison de disques. C'est en ce sens que je revendique très fort cette différence. »

# K

**Kaas (Patricia)** Cette *Fille de l'est* (titre d'une chanson de Goldman) s'est faite connaître avec le tube *Mademoiselle chante le blues* en 1987. Depuis, elle s'est imposée comme l'ambassadrice de la chanson française à l'étranger. Goldman fait parti des nombreux auteurs français qui ont offert des chansons à Kaas. *Il me dit que je suis belle* (qu'il signe sous le pseudonyme Sam Brewski), extrait de l'album *Je te dis vous* (2,5 millions d'exemplaires vendus) a été un tube de l'année 1993. Pour l'album *Dans ma chair* sorti le 18 mars 1997 (1,5 millions d'exemplaires vendus), Goldman adapte deux titres (dont un écrit par Diane Warren), *Quand j'ai peur de tout* et *Je me souviens de rien.* C'est également dans cet album que l'on retrouve *Je voudrais la connaître,* une composition originale de Goldman. Et en 1999, sur l'album *Le mot de passe,* majoritairement composé et réalisé par Pascal Obispo, Jean-Jacques signe deux titres : *Les chansons commencent* et *Une fille de l'est.* Pour Kaas, Goldman est un homme « simple, sensible et honnête. »

**Khaled** Chanteur kabyle, Khaled s'est fait connaître en France avec le succès *Didi,* en 1992 et *N'ssi N'ssi* en 1993. Mais c'est surtout *Aïcha,* écrit par Goldman, qui le place en tête des charts. Leur rencontre se fait sur un plateau de télévision : en 1995, l'émission *Envoyé Spécial* veut célébrer la paix et décide de réunir l'israélienne Noa, le juif Goldman et l'arabe Khaled pour interpréter *Imagine* de John Lennon. Après l'émission, Khaled demande à Goldman de lui écrire quelques titres. L'année suivante, à l'automne 1996, sort *Aïcha* qui devance la sortie de l'album *Sahra* (contenant *Le jour viendra,* également signée Jean-Jacques). Le 11 février 1997, Khaled reçoit la Victoire de la chanson de l'année pour *Aïcha* (lors de la cérémonie, Goldman vient l'interpréter en duo avec Khaled). Dans l'album suivant, *Kenza,* qui sort le 7 décembre 2000, Goldman signe à nouveau deux titres : *C'est la nuit* (premier extrait) et *Derviche tourneur.*

# L

**Lavoine (Marc)** Marc Lavoine est l'un des amis de Jean-Jacques. Il a écrit trois mélodies pour l'album *Faux rêveur* (1993) sur des textes de Marc : *Tu me suffiras, Ici-bas* et *L'aventure humaine.* C'est également l'un des premiers pour lequel Goldman signe d'un pseudonyme : O. Menor (« O. Menor » vient de « Homme en or » c'est-à-dire « Goldman ») dans le cas de Marc Lavoine, renommé M. Oats (de « oats » qui signifie « avoine » autrement dit « Lavoine ») pour l'occasion. Dans l'album *Septième ciel,* de Marc sorti le 24 août 1999, Jean-Jacques lui offre une nouvelle musique pour porter l'un de ses textes : *J'écris des chansons.*

**Le Forestier (Maxime)** Héritier de Brassens, auteur de *San Francisco, Ambalaba* ou encore *Né quelque part* et guitariste à la voix hors pair, Maxime Le Forestier est un pilier de la chanson française. Maxime et Jean-Jacques se connaissent depuis longtemps, mais leurs chemins artistiques ne se sont pas croisés souvent (hors soirées des Enfoirés). On note tout de même deux collaborations récentes : l'une sur le dernier album de Le Forestier, *L'écho des étoiles,* sortie en 2000 sur lequel Jean-Jacques Goldman co-signe (avec Maxime) le titre *Affaire* *d'état.* L'autre sur le dernier album de Jean-Jacques, *Chansons pour les pieds :* Maxime est l'une des cinq voix du canon d'*Ensemble* (avec Jones, Arzel, De Palmas et… Jean-Jacques).

**Lumbroso (Marc)** Actuel directeur de Emi France, c'est le découvreur de Jean-Jacques Goldman (il fait également sortir Vanessa Paradis de l'ombre). Au départ, Lumbroso ne remarque pas Jean-Jacques, mais l'une de ses chansons ! En effet, en 1979, lors d'une émission télévisée, Le jeu de la chance, une jeune interprète, Anne-Marie Batailler chante un titre écrit par un certain « Goldman » : *Fais-moi des sourires.* À la recherche d'auteurs et de compositeurs, Lumbroso veut en savoir plus sur le créateur de la chanson. Lors de sa rencontre avec Jean-Jacques, il lui demande ses maquettes. « Il m'a demandé ce que j'avais et c'est lui qui a commencé à me faire travailler, à me stimuler surtout. » Ainsi, Lumbroso présente *Il suffira d'un signe* au label Epic (de CBS). Et il ne s'est pas trompé, Epic propose à Jean-Jacques un contrat pour cinq albums. L'histoire est en marche…

# m

**Mai 68** Malgré l'engagement de son demi-frère, Pierre Goldman (révolutionnaire d'extrême gauche), Jean-Jacques regarde passer les événements de mai 68 dans une relative indifférence. À l'époque, il a dix-sept ans, il est élève, en classe de première dans un lycée parisien (François Villon). Délégué de classe, il profite surtout de l'absence de cours pour faire de la musique. « Je suis allé à une réunion du Comité d'action lycéen, le CAL de Malakof qui était déjà noyauté par le parti communiste et je suis parti au bout d'un quart d'heure. J'avais compris. Pour moi, mai 68 s'arrête là. »

**Mattotti (Lorenzo)** Peintre-illustrateur né en Italie et vivant à Paris, qui s'exprime sur des supports très divers. Dans les années 1980, il travaille avec le monde de la mode avant de réaliser des livres pour les enfants (dont un très beau *Pinocchio*). Aujourd'hui, il publie des bandes-dessinées et dessine pour la presse internationale. En 1993, c'est lui qui illustre le livret de l'album *Rouge*. Un album qui sort également dans une version de luxe comprenant des reproductions des esquisses de Lorenzo Mattotti.

## Messia (Danielle)

Jeune chanteuse pour laquelle Jean-Jacques compose une musique en 1984, Danielle Messia disparaît d'un cancer dix ans plus tard. Le titre, *Le temps des enfants,* sortira sur l'album *Carnaval,* édité en hommage à cette occasion.

## Millénaire

Pour le passage au troisième millénaire et pour la ville de Lyon, Jean-Jacques a écrit le texte *2000,* sur une musique de Richard Cocciante. La chanson est interprétée le 31 décembre 1999 à minuit par une chorale lyonnaise.

## Montrouge

Ville de la banlieue sud de Paris séparée de la capitale uniquement par le boulevard périphérique. Goldman est né dans Paris, mais c'est à Montrouge qu'il passe son enfance dès l'âge de cinq ans (après l'avenue Gambetta dans le 19e arrondissement). Par la suite, Jean-Jacques habitera Montrouge et y installera les bureaux de sa production, où ils se trouvent toujours aujourd'hui.

## Musiciens

C'est toujours la même famille de musiciens qui entoure Goldman. Pour ses enregistrements studios, on retrouve Michaël Jones, Gildas Arzel, Érick Benzi (également aux arrangements) et Patrice Tison (grand guitariste récemment disparu). Pour la scène, l'équipe est constitué de Christophe Deschamps à la batterie, Jacky Mascarel aux claviers, Claude Le Péron à la basse, Christophe Nègre aux saxophone et Michaël Jones au chant et à la guitare.

# n

**Namiand (Gilbert)** Réalisateur de clip, il a réalisé *Vertige de l'amour,* en 1995, pour Alain Bashung. Ensuite, il a fait parti de la famille de Jean-Jacques en réalisant les vidéos de *Peurs* (2000), *Sache que je* (1997), *On ira* (1997), *Elle ne me voit pas* (1999). Pour Jean-Jacques, il a également réalisé le film de la *Tournée 1998, En passant* (de laquelle ont été extrait les clips *Pas toi, Nos mains, Le rapt*) ainsi que la captation de *Tours et détours* (la partie Zénith de la tournée *Du New Morning au Zénith*). Enfin, il a réalisé *Au cœur des pierres levées* (1997) pour Gildas Arzel, *Est-ce que tu me suis* en 1999 pour Florent Pagny (titre écrit par Jean-Jacques), *Qui sait ?* la chanson pour Solidays écrite par Érick Benzi. On lui doit également la captation du *Tour des Anges,* le concert de Zazie en 1999 mais aussi *Johnny Hallyday, une star dans l'histoire,* un documentaire réalisé avec Bernard Schmitt (autre homme d'image de Goldman), la captation de *Bigard Bourre Bercy, Florent Pagny en concert* ou *Dalida éternelle.*

***New Morning*** Des salles parisiennes de renom, le *New Morning* est sûrement la plus petite. C'est dans ce tout petit club de Jazz qu'en mai 1994, Goldman et ses acolytes Fredericks et Jones, donnent une série de concerts au profit d'Amnesty

International. Ce concert aux sonorités plus acoustiques donne lieu à un double album *live* intitulé *Du New Morning au Zénith* (1994).

## Noah (Yannick)

Après le succès du tube *Saga Africa,* mais surtout l'échec de son album en anglais, Yannick Noah a réussi a se forger une sérieuse crédibilité dans le monde de la musique grâce à la famille Goldman. S'étant rencontré à plusieurs reprises à l'occasion des « tennis-concerts » de son association « Les enfants de la terre » ou des soirées des Restos du cœur, Robert Goldman décide de produire l'ancien tennisman. Alors que Jean-Jacques n'écrit qu'un titre, J. Kapler, lui, propose quatre chansons et produit même l'album (avec Christophe Battaglia). Le 12 septembre 2000, sort l'album éponyme de Yannick Noah. Il se vend à un million d'exemplaires. Un chiffre exceptionnel d'autant que la maison de disques espérait en vendre 50 000 !

## *Non homologué*

Quatrième album studio qui sort en septembre 1985.

***Compte pas sur moi – Je te donne – Famille – La vie par procuration – Parler d'ma vie – Pas toi – Bienvenue sur mon boulevard – Délires schizo maniaco psychotiques – Je marche seul – Confidentiel.***

Avec cet album, Goldman maintient son rythme

d'approximativement un album par an. Chaque album contient environ quatre tubes et depuis 1981, les FM, nouvellement nées, ne se lassent pas de passer du Goldman. Cet album ne déroge pas à la règle. Dans l'ordre chronologique, *Je marche seul, Je te donne, La vie par procuration* et *Pas toi* permettent à Goldman de vendre plus d'un million d'exemplaires de son quatrième album en moins d'un an. Jean-Jacques s'impose petit à petit comme le chanteur français majeur des années FM. Mais attention, loin de la routine, cet album se démarque particulièrement des précédents : il colle plus que les autres à l'air du temps.

**Au milieu des années 1980, la petite main « Touche pas à mon pote » fleurit sur les blousons,** les concerts d'SOS Racisme ou des Chanteurs sans frontières affichent complet et Coluche va bientôt lancer les Restos du cœur. De son côté, Goldman affiche un point de vue politique qui rejoint ces aspirations : recul et méfiance des normes et des grands discours politiques (l'album s'intitule *Non homologué,* le premier single est *Compte pas sur moi,* et dans *Famille,* il chante *« Tu crois pas à grand chose ni tout gris ni tout rose »*), bon cœur et partage (*« Pourquoi vendre toujours quand il y a tant à donner »* dans *Parler d'ma vie*). Et surtout *Je te donne* va occuper la première place du top 50 pendant huit semaines et devenir l'hymne du moment ! Il faut dire que ce duo tombe à pic dans une société qui revendique sa volonté de partage et où arrive le Front national. Goldman démontre, une fois de plus, l'acuité de son écriture. *La vie par procuration* qui vient en single suivant enfonce d'ailleurs le clou de l'implication de Goldman dans la société. Et rapidement, c'est *La chanson des restos* qui fera écho à *Je te donne.* Musicalement efficace et proche de la tendance rock FM américain, cet album est très homogène. Il rentre directement à la première place du classement des ventes en France. Voici ce que Jean-Jacques dit à l'époque : « Je ne pense pas que *Non homologué* soit quatre fois meilleur que mon album précédent, ni dix fois meilleur que l'album de Chédid ou de Souchon par exemple. Et pourtant il a eu dix fois plus de succès. Parce qu'il s'est passé sur ce disque quelque chose que personne ne contrôle. Comme un phénomène de mode. Qui n'était même pas logique par rapport à la qualité de l'album. Je ne dis pas pour autant qu'il est mauvais ; il aurait dû bien marcher mais pas à ce point-là. Personne n'a compris ce qui s'est passé, même pas moi. Ce type d'événement n'arrive qu'une seule fois dans ta carrière et il faut le savoir. Maintenant, je vais poursuivre une carrière normale en fonction de la qualité de mes albums. Mais ce moment de grâce et d'explosion ne se reproduira plus. » Ah, bon !

# P

**Pagny (Florent)** Chanteur français de la famille musicale de Pascal Obispo, qui après quelques tubes (*N'importe quoi, Presse qui roule*...) et une traversée du désert, est devenu l'un des interprètes majeurs de la variété française. En 1994, Goldman accepte d'écrire pour son album *Rester vrai*. Et c'est sous le pseudonyme Sam Brewski qu'il signe les trois titres *Est-ce que tu me suis ?*, *Loin* et *Si tu veux m'essayer*. Cette dernière, qui est une refonte d'une vieille chanson de Goldman intitulée *J'essaierai d'oublier* (1983), devient un tube.

**Parents** Immigrés juifs polonais, les parents Goldman sont arrivés en France dans les années 1930. Alter Mojze Goldman, le père de Jean-Jacques, né à Lublin (Pologne) en 1909, est naturalisé par l'armée avant guerre. Il est proche des communistes (surtout pendant la résistance). Ruth Ambrunn, sa mère, née à Munich, est juive allemande. Ils se marient en 1949 et ont trois enfants. Jean-Jacques évoque l'idéal communiste dans une partie de l'album *Rouge*, puis ses parents dans la chanson *Bonne idée* de l'album *En passant* (1997) : « *De Ruth ou de Moïshé, lequel a eu l'idée* ».

De même dans *Natasha,* chanson de l'album *En Passant* sur une musique tzigane mené par une partie de violon intense et déchirante, il évoque la culture slave : « *De mille ans de froid de toundra / De toutes ces Russies qui coulent en toi.* » Questionné sur l'héritage légué par ses parents, voici ce que répond Jean-Jacques : « Le sens des valeurs. L'amour de la France. Le fait que rien ne va jamais de soi. Ni se promener dans la rue librement, ni voter, ni aller à l'école gratuitement, ni avoir de quoi manger. Je suis essentiellement ce qu'ils étaient. Ce qu'ils m'ont inculqué. »

**Pauliniens** Pour écrire ses chansons, Goldman se nourrit de l'air du temps, mais également des histoires de ses proches. Jusque là, rien d'exceptionnel ! Mais pour recueillir les anecdotes, aventures, ou avis de ses amis, il organise de temps en temps des soirées dévolues à la discussion. Ces repas se déroulent dans un restaurant qui a donné son nom à ce groupe d'amis : les « Pauliniens » (cités dans les remerciements de certains albums). Ainsi, Goldman raconte qu'après avoir réuni lui-même ses convives, il arrive avec une série de thèmes et lance la discussion. « Par exemple, *Il part* (de l'album *Rouge*) est l'histoire d'un amant qui part à trois heures du matin. Je leur demande : "qu'est-ce qui se passe alors ?" Chacun parle de ses expériences et j'ai des éclairages nouveaux. La voiture ne démarre pas. Il neige… »

**Phalansters** En 1968 et 1969, c'est le nom de l'un des groupes auquel à participé Goldman avant l'épisode Taï Phong et sa période solo.

C'est l'un des groupes importants de la région parisienne, avec celui de Daniel Balavoine, Présence. « Nous avions le même manager, raconte aujourd'hui Goldman. Il existait un catalogue où les organisateurs de spectacles trouvaient un groupe vedette, Présence, et un groupe nouveau, Phalansters. On se croisait dans les festivals de rock. » C'est Jean-Jacques, à la guitare qui décide de monter un groupe de blues-rock avec un batteur, Jean, et un bassiste, Paul. Pour compléter le quintette, ils recrutent alors un chanteur, Christian et son frère, Alex (organiste). À l'époque, Jean-Jacques Goldman ne chante pas encore. Le groupe prend le nom de Phalansters (en référence à l'œuvre de Charles Fourier) et décide de préparer le tremplin du club parisien, le Golf Drouot (où passent à l'époque, tous les groupes franciliens, dont ceux de Jonasz, Balavoine...). « C'est au cours de cette période que Jean-Jacques s'impose par ses qualités, notamment sa volonté et son sens de l'organisation », raconte Paul Ferrette, l'un des musiciens. Il décide donc de réunir tout le groupe pendant une semaine (durant les vacances scolaires) pour travailler le set du concours. Ainsi, Phalansters au grand complet se retrouve dans une maison de campagne familiale (du batteur) en Normandie. « Aucune concession, aucun cadeau, poursuit Paul Ferrette. Pour chaque morceau, nous allions au bout de nos exigences. Et tant que quelque chose, ne fut-ce qu'un détail, nous chagrinait, nous reprenions jusqu'à en être totalement satisfaits. Le huitième jour, nous étions prêt pour deux grandes heures de musique. » Et le groupe remporta le tremplin du Golf Drouot !

## Politique

Si son idéal politique se résume en une phrase de Lénine (« la vérité est toujours révolutionnaire »), il n'a jamais caché sa sympathie pour quelques personnalités de gauche. N'aimant pas Mitterrand (« Il représentait pour moi la trahison absolue »), il se dira proche de Michel Rocard qu'il interviewe pour *Le Nouvel Observateur* en février 1988. Plus récemment, Jean-Jacques a affirmé son estime pour Lionel Jospin (« Voilà un homme qui sert la politique et non pas quelqu'un qui se sert de la politique »). En 2001, dans ses meeting, Jospin diffuse la mélodie des chœurs du titre *Ensemble*. Mais, Goldman ne donnera jamais de consigne de vote : « je ne pense pas du tout avoir le devoir ou le pouvoir d'influencer quiconque. D'ailleurs, je ne crois pas que les Français aiment tellement les présidents entourés de stars. Au contraire. En revanche, je veux bien militer pour inciter à voter. »

## Popularité

Goldman est régulièrement cité parmi les personnalités préférées des Français (sondés). Et les sondages forts intéressants (!) sur le sujet, ne manquent pas... L'hebdomadaire dominical *Le journal du dimanche* effectue deux fois l'an un sondage pour classer les personnalités préférées des français. Jean-Jacques Goldman arrive régulièrement dans les premiers (et toujours le premier chanteur) derrière David Douillet, l'Abbé Pierre et Zidane (selon le palmarès le plus récent). « Je ne comprends toujours pas pourquoi ! Parce que, moi, je ne suis pas sympathique... mais c'est très touchant ! », ironise Jean-Jacques. En mars 1999, *Paris Match* place Jean-Jacques en troisième position des chanteurs français importants de ces cinquante dernières années derrière Brel et Brassens. En août 1999, il a été élu artiste de l'été par plus de 100 000 téléspectateurs de la chaîne de télévision internationale TV5, devant Céline Dion. Enfin, en décembre 2000, l'émission d'M6 *Plus vite que la musique* demande aux sondés de citer les chanteurs francophones ayant marqué le siècle selon eux : Goldman arrive en tête chez les jeunes.

## Positif

Troisième album studio sorti en 1984.

***Envole-moi – Nous ne nous parlerons pas – Plus fort – Petite fille – Dors bébé dors – Je chante pour ça – Encore un matin – Long is the road (Américain) – Ton autre chemin.***

*Envole-moi,* le premier extrait de l'album, donne le ton d'un album plus électronique (selon la terminologie des années 1980) que les précédents. L'influence de Rolland Romanelli est clair. Cet ancien accordéoniste de Barbara devenu pro des synthétiseurs apporte sa patte maîtrisée de ce qui fait le rock FM à la française. Même si Goldman sait doser son univers musical, oscillant entre la berceuse *Dors bébé dors,* le gospel *Long is the road* ou l'efficace et plus FM *Encore un matin.* Côté texte on retrouve les préoccupations typiquement goldmaniennes du rejet de la norme, des idées préconçues, des routes toutes tracées et du poids du destin (*Envole-moi, Encore un matin, Petite fille…*). Par ailleurs, des titres forts comme *Américain* ou *Encore un matin* sont typiquement des chansons de concert. Or Goldman vient de franchir l'étape de la scène qu'il rejetait violemment. Découverte d'un univers dont il distille sensiblement et petit à petit les arguments dans ses albums ? Une chose est sûre, Goldman prend goût à sa rencontre avec le public mais reste lucide sur son statut de vedette : il dédicace l'album « à ceux qui resteront fidèles, quand il sera moins facile de l'être. » Le succès lui permet tout de même d'inviter John Helliwell, le saxophoniste de Supertramp, à jouer sur cet album. *Positif* se vend à 500 000 exemplaires en quelques mois ; il a dépassé le million de ventes depuis 1995.

## Première partie

S'investissant pleinement dans la conception des concerts qu'il offre à son public, Goldman a toujours cherché à surprendre. Si dans les années 1980, il a engagé des premières parties classiques (des musiciens comme Canada, Gildas Arzel…), depuis les années 1990, il crée la surprise. En 1998, sur sa tournée *En passant,* Goldman veut que les spectateurs « commencent à chanter ensemble de manière naturelle » dans une sorte de karaoké géant avant le début de son concert. Ainsi, la première partie suivante est mise en place : un cameraman, Richard Rémy, retransmet les images du public, qu'il filme, sur les écrans géants installés pour le concert. Cadrant les spectateurs en musique et affichant des commentaires incrustés dans l'image (bulles humoristiques incitant à chanter), il arrive alors à créer l'ambiance voulue. Ainsi, cette année-là, le public se chauffe la voix avant chaque concert de Jean-Jacques. Sur la dernière tournée, un grand match de basket est organisé dans le public et côté musique, c'est Goldman lui-même qui assure la première partie en faisant répéter au public, seul à la guitare, les chœurs du concert.

## Premières tentatives

Avant même *Il suffira d'un signe,* en 1981 et alors qu'il fait encore partie du groupe Taï Phong, Goldman sort cinq 45 tours en solo. Ils passeront tous totalement inaperçus, et pourtant, certains de ces titres portent déjà en germe les caractéristiques du succès de Goldman. En 1976, sortent donc les titres *C'est pas grave papa* (un blues-rock sur les rapports père-fils après le licenciement du père) et *Tu m'as dit.* En 1977, *Les nuits de solitude* et *Jour bizarre* et en 1978, *Back To The City Again* et *Laëtitia.* En 1980, *High Fly* et *Tell Me Why* sous pseudonyme First Prayer. En 1979, sous le nom Sweet memories, il sort également *Slow me again,* un medley de reprises de tubes des sixties, dans l'esprit *Rockcollection* chanté par Laurent Voulzy. Jean-Jacques n'a jamais rechanté ces titres sur scène. Voici la raison qu'il donnait à un site Internet : « Parce que c'est loin, parce que les dernières me semblent meilleures, parce que les chanter, c'est ne pas en chanter d'autres. »

## Presse

Goldman et les journalistes, ce n'est pas une grande histoire d'amour. Mais une longue histoire… Comme il le disait récemment, « j'ai une grande grande confiance dans la paresse des journalistes ! » À ces débuts, dans les années 1980, Goldman est vu par la presse comme un chanteur à tube, un chanteur pour ados, sans aucun lendemain. Sa tournée affiche complet partout et on parle de « Goldmania ». La presse se déchaîne alors contre cette nouvelle idole des jeunes. Pour appréhender la méchanceté des critiques, en voici quelques morceaux choisis : « Une voix de castrat endimanché et des textes souvent mièvres pour être vraiment honnête... » (*24 heures,* mars 1984), « Le spectacle de Jean-Jacques Goldman possède le charme sucré des plaisirs éphémères » (*AFP*), « Vedette de fraîche date et certainement pour un temps éphémère » (*Nord Littoral,* 1983), « Le rocker mou... » (*Les Nouvelles d'Orléans,* 1984), « Le rock à l'eau de rose, Goldman, c'est aussi hélas ! des mots... » (*La Croix,* 1985), « Il rappelle tantôt Balavoine (sans le feeling), tantôt Berger (sans la classe) » (*Affiches,* 1984), « Goldman est un produit manufacturé... Sorti du moule infaillible de la variété prospection. Un superbe paquet de lessive qui doit sans goût laver plus blanc que les enzymes ou l'anti-redéposition mais un paquet de lessive quand même... On a vu fleurir des dizaines de Jean-Jacques Goldman aux quatre coins des scènes françaises » (*La nouvelle Gazette,* 1983). Mais surtout, en décembre 1985, *L'événement du jeudi,* sous le titre « Jean-Jacques Goldman est vraiment nul !, l'art de faire du plein avec du vide » s'acharne : « Tous les hommes sont nés chanteurs... sauf quelques chanteurs. Goldman est de ceux-là (...) Il est de salubrité publique de crier haut et fort qu'avec Jean-Jacques Goldman on s'approche au plus près du degré zéro de la chanson française. » Lors de sa tournée en 1985, Jean-Jacques décide de faire un pied de nez aux journalistes en publiant une page dans *Libération* (du 20 décembre 1985) et dans *France Soir,* reproduisant des extraits de ces critiques, une photo du groupe et quelques mots de sa main : « Merci d'avoir jugé par vous-même. » Depuis, Goldman affiche une grande méfiance vis-à-vis de la presse. Étonnant ?

## Pseudonymes

À de nombreuses reprises, Goldman a utilisé des pseudonymes pour signer des titres écrits pour d'autres. En effet, face au succès de sa carrière solo, il souhaitait que les observateurs (dont la presse) ne focalisent pas sur son nom. Parmi ses noms d'emprunt, on trouve Sweet Memories, First Prayer, S. Brewski et O. Menor. First Prayer signe deux titres en anglais, *High fly* et *Tell me why,* en 1980. Sweet Memories a écrit le titre *Tout doucement,* en 1982, pour Jane Surrey, *J'essaierai d'oublier,* en 1983 pour Émilie Bonnet et *Viens,* en 1984 pour Michaël Jones. O. Menor signe *Tu me suffiras, Ici-bas* et *L'aventure humaine* pour Marc Lavoine en 1993. Sam Brewski a écrit *Comme un tout petit bébé,* en 1991 pour Philippe Lavil, *Tu t'en iras* pour Christopher Thompson, en 1993, *Il me dit que je suis belle,* en 1994 pour Patricia Kaas, *Est-ce que tu me suis ?, Loin* et *Si tu veux m'essayer,* en 1994 pour Florent Pagny.

## Red Mountain Gospellers (The)

Adolescent, Goldman habite Montrouge. C'est là qu'il participe à son premier groupe, The Red Mountain Gospellers, le groupe de la paroisse de la ville soutenu par le père Dufourmantelle. En devenant organiste du groupe (pré-existant à sa venue), Goldman fait évoluer son répertoire : « du religieux au gospel, puis du gospel au blues, et enfin du blues au rock », raconte Paul Ferrette, l'un des membres du groupe. The Red Mountain Gospellers sont neuf : un guitariste-chanteur, un guitariste (à la 12 cordes), un organiste, un harmoniciste, un bassiste, un batteur et trois choristes. Un jour, le curé, plutôt moderne, propose au groupe de lui financer l'enregistrement d'un 45 tours. Les Red Mountain Gospellers sautent sur l'occasion et bientôt, sort environ 1 000 exemplaires du premier vinyle auquel participe Jean-Jacques Goldman. « Le contrat passé avec notre curé prévoyait l'animation de quelques messes, ici où là pour vendre notre disque – ce disque fabuleux ! – et rembourser la somme empruntée, se souvient Paul Ferrette. Cet arrangement nous convenait car il sous-entendait que d'accord sur le principe, nos parents ne pouvaient ni limiter ni interdire nos répétitions ou nos concerts dans les églises. » L'objet, qui est vendu à la sortie de l'église, propose trois chansons : *Colours* de

Donovan et deux reprises de traditionnels : *Go Down Moses* et *Nobody Knows.* Jean-Jacques joue de l'orgue, de la guitare, de l'harmonica et participe aux chœurs.

**Reprises** Quoi de mieux pour faire un tube que de reprendre... un tube. C'est ce qu'on fait deux groupes de teenagers dans les années 1990 avec des titres de Goldman. En 1996, le boys-band Worlds Apart (des garçons) reprend *Je te donne* et en 1997, Melgroove (des filles) reprend *Pas toi.* Forcément, ça marche ! Flatté, humble ou indifférent ( ?), Jean-Jacques ne s'offusque pas de telles reprises, bien au contraire. « J'ai tellement joué les chansons des autres que rien ne me rend plus fier que ça. Même si c'est un boys-band. Surtout si c'est un boys-band. Les chansons ne sont pas si sacrées que ça. Elles sont faites pour être chantées. » Et lors de sa tournée *En Passant,* Jean-Jacques s'amuse avec l'un de ses anciens tubes, *Pas toi,* et annonce : « C'est curieux ce qui se passe avec ces chansons anciennes. Parfois, on les croise par hasard, comme ça, dans la rue, dans un piano bar, dans un ascenseur, chantées par d'autres. On a l'impression qu'elles s'en vont, parfois on ne les reconnaît pas, comme si elles prenaient leur indépendance et on s'est posé la question : "jusqu'où tout ça pourrait aller ?" Et finalement, pour que vous ne soyez pas trop surpris, on a décidé de vous jouer nous-mêmes toutes les versions auxquels nous n'échapperons peut-être pas. » Et le groupe de reprendre *Pas toi* version reggae, hard-rock, rap, tango, rock'n'roll...

## Restos du cœur

Jean-Jacques Goldman et les Restos du cœur, c'est une longue histoire. Tout a commencé quand Coluche demande à Jean-Jacques de composer *La Chanson des Restos.* « On a besoin d'une chanson qui se vende, toi, tu sais faire des tubes, est-ce que tu peux composer quelque chose pour nous pour la semaine prochaine ? », lui demande en substance Michel Colucci, à la sortie d'un concert, en 1985. Il faut dire que cette année-là, Jean-Jacques chante *Je te donne* et le titre n'a pas échappé à Coluche. Goldman compose donc, en une nuit, ce qui devient l'hymne des Restos et dont il dit aujourd'hui ne plus avoir l'impression de l'avoir écrite. L'histoire des Enfoirés commence après la mort de Coluche. Le fondateur disparu, quelques artistes décident de reprendre le flambeau pour honorer les promesses lancées par Coluche. En novembre 1989, a lieu la première tournée, initiée par Véronique Colucci, de cinq chanteurs : Johnny Hallyday, Michel Sardou, Eddy Mitchell, Véronique Sanson et Jean-Jacques Goldman. Suite au succès, il est décidé de réitérer l'expérience et de transformer les concerts en une émission de télévision, qui est désormais le vecteur le plus efficace de la communication caritative. Goldman s'engage et participe à la mise en place de ces émissions. Petit à petit, les enfoirés acquièrent une ampleur et un statut de rendez-vous incontournable pour le public et pour les artistes. Immense medley façon balloche reprenant les grands titres de l'histoire de la variété française, le spectacle est garanti à chaque fois. Des piliers Lavoine, Souchon, Cabrel, Bruel aux plus jeunes Alizée, Lorie en passant par des acteurs, des footballeurs et des mannequins... Plus personne n'hésite à passer aux Restos !

**Rouge** Septième album studio sorti en décembre 1993.

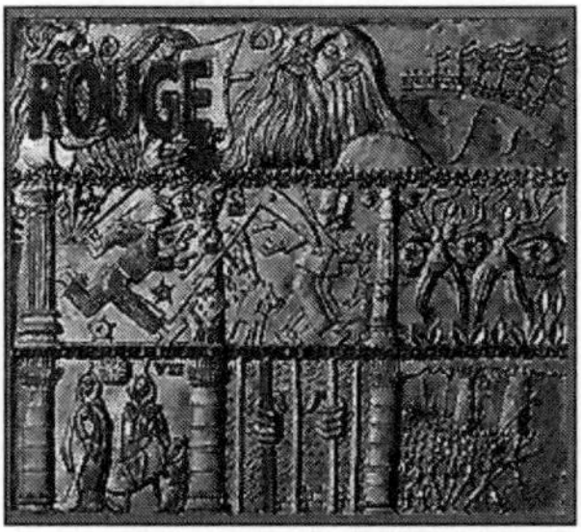

***Serre moi – On n'a pas changé – Que disent les chansons du monde ? – Il part – Juste après – Rouge – Des vôtres – Frères – Des vies – Ne lui dis pas – Elle avait dix-sept ans – Fermer les yeux***

L'aventure du trio continue pour Goldman après un album studio et un album *live*. Cette fois, Jean-Jacques y ajoute un propos général : la chute des idées et des systèmes communistes et plus largement la dénaturation des valeurs de gauche. « Je trouve que le rouge est la vraie couleur de l'espoir, dit-il alors. C'est le sang qui coule dans nos veines, la vie qui va, le feu, la colère. L'adolescence est rouge. On rougit lorsque l'on ressent quelque chose de très fort. Je crois qu'il existe des zones rouges, comme il existe des zones d'ombres. »

**Pour l'enregistrement (qui se déroule entre février et octobre 1993),** Goldman se déplace entre autres à Moscou pour enregistrer avec les Chœurs de l'ex-Armée rouge et en Bulgarie pour enregistrer un chœur de voix bulgares. Pour cet album, Goldman voulait en fait composer une comédie musicale, et cela se ressent à l'écoute de *Rouge*. Le spectacle n'aboutit pas, mais reste une réalisation grandiloquente et un peu emphatique, une impression ponctuelle de sur-arrangement ! Si elles sont parfois dosées avec minutie, les nombreuses voix (Carole, Michaël ou les Chœurs de l'Armée rouge) qui accompagnent le cheminement de l'album noient parfois le propos et les mélodies initiales de Jean-Jacques. Restent malgré tout de superbes compositions comme *Juste après, Elle avait dix-sept ans* ou *Rouge*. C'est précisément ce titre qui est choisi comme single annonçant l'album. Cette chanson offre la particularité d'intégrer le riff de guitare que Goldman avait offert à l'animateur Nagui pour le générique de son émission musicale *Taratata* deux ans auparavant. Arrangement déroutant qui n'empêche pas le single, et l'album, de prendre la route du succès. Jean-Jacques a son explication : « Le disque a sans doute marqué parce que je ne parlais pas de moi, comme dans mes albums précédents. » Et il est vrai que l'on retrouve moins de balades personnelles comme il savait en glisser dans chacun de ses précédents opus.

**Outre les chansons sur le thème général de l'album,** son regard sur le monde passe aussi par l'exceptionnel titre *Juste après.* C'est après avoir vu un documentaire de l'émission *Les nouveaux westerns* qui montre comment, dans un dispensaire africain, une infirmière redonne la vie petit à petit un enfant à priori perdu, que Jean-Jacques écrit. *« Mais qu'est-ce qu'on peut bien faire, après ça ? »* Jean-Jacques reprendra ce titre avec Michaël Jones lors de sa dernière tournée, en hommage à Carole Fredericks.

**Il sort un tirage limité de l'album *Rouge* en version coffret.** Cet objet comprend, un livre reprenant les esquisses de Lorenzo Mattotti qui figurent sur le livret du CD, des commentaires de Jean-Jacques Goldman, et une nouvelle inédite du romancier Sorj Chalandon prolonge chaque chanson.

# S

**Saillet (Yannick)** Réalisateur de nombreux clips de chanteurs et de groupes français depuis 1995 (Lilicub, Indochine, Jean-Louis Murat, Liane Foly...), il travaille désormais dans la famille Goldman. En effet, il a réalisé le clip de Céline Dion, *Zora sourit* en 1998, celui de Carole Fredericks, *Le prix à payer* (2000), *Simon papa tara* pour Yannick Noah (2000). Et surtout, il est à l'origine des trois derniers clips de Jean-Jacques Goldman, *Ensemble, Tournent les violons* et *Les choses.*

**Scène** L'histoire de Goldman sur scène n'est pas simple. En effet, plutôt timide et réservé, Goldman n'aime pas la scène à ses débuts. Il lutte d'ailleurs contre l'anxiété et prend très peu de plaisir à rencontrer son public se déclarant avant tout homme de studio et de composition. En 1984, il déclare notamment : « Je n'aime pas vraiment ça. Il y a des artistes qui ne vivent que pour la scène, pas moi. J'ai été poussé, tout le monde me le réclamait, le courrier, la maison de disques. » Petit à petit, Jean-Jacques apprend à aimer les tournées et enchaîne les albums *live.* Enfin, cette déclaration sur les concerts explique également pourquoi Goldman n'est pas une star : « Je vois les autres artistes, je les côtoie, ils sont en sursis tant qu'ils n'ont pas fait de scène. Ils attendent ce moment-là alors que moi c'est quelque chose que j'apprécie beaucoup, que j'adore organiser, j'adore les répétitions, mais à la limite ce serait quelqu'un d'autre qui monterait dessus ça ne me dérangerait pas ! »

**Schmitt (Bernard)** C'est le premier homme d'image de Goldman. Ami d'enfance du musicien, il s'occupait des pochettes, des décors de la scène, mais surtout, il a réalisé les premiers « vrais » clips de Jean-Jacques. On lui doit notamment *Encore un matin* (1984), le célèbre *Je marche seul* tourné à Bruxelles (et pour lequel il est nominé aux Victoires de la musique). Il a également réalisé le clip de *Là-bas* et celui de *Nuit.* Mais Goldman n'est pas le seul artiste pour lequel tourne Bernard Schmitt. On lui doit de nombreux clips de Johnny Hallyday (*Rock'n'roll attitude, Je te promets, Comme un roc, Allumer le feu, Un jour viendra*...), mais aussi France Gall, (*Ella, elle l'a,* 1987), Vanessa Paradis (*Marilyn et John,* 1988), Michel Sardou (*Attention les enfants danger,* 1988), Toure Kunda (*Cindy,* 1997), Larusso (*On ne s'aimera plus jamais,* 1999), Bruno Pelletier (*Loin de chez moi,* 2000). Et surtout, désormais, Bernard Schmitt est le metteur en scène de la plupart des spectacles de Johnny.

**Scott (Andy)** Il est « le son Goldman » sur scène. Il a été ingénieur son sur une partie des titres d'*Entre gris clair et gris foncé.* Ensuite, il a épaulé Jean-Jacques sur l'album *Fredericks Goldman Jones.* On le retrouve également à la réalisation des tournées et des albums *live Traces* (avec Goldman et Marc Lumbroso), *Du New Moning au Zénith* et *Tournée En passant.*

## Scout

Goldman fut scout pendant dix ans, et reste encore aujourd'hui très attaché à cette tradition. Il a intégré « le groupe des Éclaireuses et Éclaireurs de France, le "CHB" du dix-septième arrondissement à Paris, j'ai passé toutes les étapes, louveteau d'abord, puis éclaireur, et j'ai continué jusqu'au clan. Évidemment, j'ai eu droit à la rituelle totémisation et je me suis retrouvé affublé d'un affreux surnom : "Caffra arrogant et décidé". Le caffra étant un chat sauvage, inutile de vous dire que c'est vraiment le genre de "titre" qu'on ne choisit pas. » Grâce aux scouts, Goldman voyage, apprécie la nature et joue de la musique. Aujourd'hui, il lui reste ce goût pour les « chansons à chanter », autrement dit les tubes, mais aussi les voix. En janvier 2000, Goldman est le parrain de la manifestation « Champions pour la paix » : réunion de scouts français dans le Calvados (à Moutiers-en-Cinglais), que Goldman fera chanter et auxquels il remettra un prix.

## *S'il suffisait d'aimer*

C'est le deuxième album écrit par Goldman pour Céline Dion. Il sort le 3 septembre 1998.

**Tout juste trois ans après les ventes records du premier album** qu'il écrit pour la Canadienne, Jean-Jacques décide de lui offrir un nouvel opus (enregistré entre septembre 1997 et juillet 1998 à Suresnes). Goldman écrit dix titres, laissant deux compositions au savoir-faire d'Érick Benzi devenu son arrangeur fétiche. Et le premier single, *Zora sourit* est l'une des premières collaboration de Jean-Jacques avec Robert, son frère. L'album se vend à 1,8 millions d'exemplaires.

## **Simon (Yves)**

Chanteur, Yves Simon s'est fait connaître par ses titres : *Aux pays merveilles de Juliet* (1973) ou encore *J'ai rêvé New-York* (1974). Également écrivain, il a publié de nombreux livres : *Les jours en couleurs* (son premier roman en 1969), *La dérive des sentiments* (Prix Médicis en 1991), *Le souffle du monde* (un recueil de nouvelles publié en 2001). C'est l'un des amis de Jean-Jacques Goldman. Ensemble, ils ont collaboré sur l'album *Liaisons* (1988) d'Yves Simon, sur lequel Jean-Jacques est venu chanter sur deux titres : *La nuit, les désirs* et *Crime d'amour*.

## ***Singulier***

Double best-of de trente-quatre titres sorti en 1996.

**CD 1 : *Il suffira d'un signe – Pas l'indifférence – Quand la musique est bonne – Comme toi – Être le premier – Au bout de mes rêves – Je ne vous me parlerai pas d'elle – Si tu m'emmènes – Veiller tard – Envole-moi – Dors bébé, dors – Encore un matin – Long is the road (Américain) – Nous ne nous parlerons pas – Petite fille – Compte pas sur moi – Je te donne – Confidentiel***

**CD 2 : *La vie par procuration – Parler d'ma vie – Je marche seul – Famille – Elle attend – Pas toi – Il changeait la vie – Là-bas – Elle a fait un bébé toute seule – Puisque tu pars – C'est ta chance – Reprendre c'est voler – Filles faciles – Doux – Il y a – Peur de rien blues***

À noter la programmation dans la compilation de quelques versions inédites.

## Sirima

En 1987, sur son cinquième album studio, *Entre gris clair et gris foncé,* Goldman propose *Là-bas,* un duo avec une jeune inconnue : Sirima. À l'époque, la jeune artiste vient d'Angleterre et chante dans le métro parisien (station Châtelet-les-Halles) pour gagner sa vie. Elle a vingt-deux ans quand Philippe Delettrez, musicien de Jean-Jacques Goldman, la remarque. À l'époque, il cherche une interprète pour sa chanson. Via son saxophoniste de l'époque, il écoute une cassette de Sirima. Séduit par la pureté de sa voix et sa personnalité, il décide de lui offrir ce duo. La chanson devient un tube, mais l'histoire de Sirima ne fait que commencer. Le succès permet même à la jeune chanteuse de produire un album solo, *A part of me,* sorti le 17 novembre 1989 (Goldman participe au titre *I need to know*). Mais, moins de trois semaines avant la sortie de l'album, le 7 décembre 1989, Sirima est assassinée par son compagnon.

## Sport 2000

C'est le magasin de sport dans lequel Jean-Jacques travaille avec son frère, à Montrouge, après ses études et son service militaire. Mais dans la famille Goldman, on pense qu'on ne peut pas faire de la musique son métier et Jean-Jacques a été élevé dans le culte du travail. Il ne quittera donc pas son poste avant d'avoir vendu un million de disques (albums et singles confondus). Il arrête donc de travailler au magasin de sport, sept ans après, en décembre 1982.

## Taï Phong

C'est le premier groupe majeur de Goldman, le premier avec lequel il connaît son premier tube, *Sister Jane.* En 1974, Goldman vient de finir l'EDHEC quand il rencontre deux frères vietnamiens guitaristes, Khanh Mai (ingénieur du son) et Tai Sinh, qui cherchent un musicien pour leur groupe Taï Phong (grand vent, en vietnamien). Jean-Jacques se lance dans l'aventure, avec Jean-Alain Gardet (clavier) et Stéphan Caussarieu (batterie). Après une année de travail (parallèlement aux professions de chacun) le groupe propose une maquette à différentes maisons de disques… immédiatement emballées ! WEA s'engage et produit un album de six titres (*Taï Phong* en 1975) ainsi qu'un 45 tours. C'est Jean-Jacques qui chante, et en anglais. Et le conte de fée continue puisque *Sister Jane* est le tube de l'été 1975 ! S'enchaînent un deuxième (*Windows* en 1976) puis un troisième album (*Last Flight* en 1979). Parallèlement, les aventures en solo se multiplient : Jean-Alain Gardet sort son propre album, Goldman enregistre ses 45 tours solo et Taï quitte le groupe. En 1979, le groupe se sépare. Entre temps, Michaël Jones a intégré le groupe et rencontré Jean-Jacques… Pour bien comprendre le rôle de Goldman durant la période Taï Phong, il faut préciser qu'il considère alors la musique comme un loisir : il travaille toujours dans le magasin de sport avec son frère à

Montrouge. « J'ai même lâché ce groupe quand il est parti en tournée pour son deuxième album, raconte Jean-Jacques. Je n'avais pas l'intention de quitter mes deux enfants que j'avais déjà et mon boulot. La musique prenait alors une importance que je ne souhaitais pas du tout. J'ai donc continué à concilier mon emploi et la chanson en m'amusant de me voir le samedi soir à la télévision alors que je venais de passer une journée de travail. »

Au total, Jean-Jacques a écrit sept titres pour Taï Phong : *Going away* pour le premier album (*Taï Phong,* 1975), *Let Us Play, Follow Me, Back Again* sur des 45 tours sortis respectivement en 1975, 1977 et 1978, *End of an End* et *Sad Passion* pour *Last Flight* le troisième et dernier album de Taï Phong et *Fed Up* pour un dernier 45 tours, en 1979. À noter qu'en avril 2000 est sorti, *Sun,* un nouvel album de Taï Phong (de la formation initiale, ne restent plus que Khanh Mai et Stephan Caussarieu).

## Tournées

On ne peut pas dire que les tournées aient été un plaisir dès le début pour Jean-Jacques (voir **Scène**). Pourtant, il s'est plié à l'exercice, y prenant de plus en plus de plaisir en apportant à chaque tour de chant de nouvelles mises en scène. La première tournée, le *Positif Tour,* débute en novembre 1983, la troupe faisant une escale parisienne à l'Olympia du 26 mars au 1er avril 1984.

**La deuxième tournée, débute au Zénith de Paris du 3 au 20 décembre 1985** (avec une participation de Johnny Hallyday, le 15 décembre pour un *Toute la musique que j'aime* en duo) avant de se poursuivre en

1986. Durant l'été, il tourne avec Cock Robin avant de donner des concerts à Québec (le 13 juillet) et Montréal (deux concerts) en compagnie de Robert Charlebois. Goldman retraversera l'Atlantique en octobre pour une dizaine de concerts au Canada. À la fin de l'année 1986, c'est à Nouméa et Tahiti qu'il met un point final à sa deuxième tournée triomphale : sans aucune publicité particulière, Goldman a fait salles combles partout. À propos de cette deuxième tournée, Jean-Jacques affirme qu'il est désormais plus à l'aise et qu'il trouve du plaisir à monter sur scène.

**Nouvelle tournée monstre en 1988 après la sortie du double *Entre gris clair et gris foncé*.** Jean-Jacques part à l'assaut de près de 159 dates de concerts, dont le Palladium de New-York, le 3 mars, qui donne l'occasion au Herald Tribune de titrer sur *The normal pop idol*. Ensuite, il passera par Paris avec un concept beaucoup repris depuis, le déménagement dans la même ville : en mai, Goldman enchaîne trois soirs au Bataclan, trois à l'Olympia, dix au Palais des Sports et pas moins de quinze concerts au Zénith. Goldman poursuit ensuite la tournée en passant par les Francofolies de La Rochelle en juillet, l'Afrique de l'Ouest, la Réunion ou encore Madagascar… et Paris à nouveau du 30 septembre au 4 octobre ! Une fois encore, sans aucune promotion, les billets s'arrachent. Cette tournée donnera naissance au double *live* intitulé *Traces*.

**Le temps de peaufiner et de sortir le sixième album studio,** le premier du trio Fredericks-Goldman-Jones, et une nouvelle tournée se profile. C'est en 1991 que Jean-Jacques et ses musiciens repartent à travers le monde : Réunion, France, Ile Maurice mais aussi l'Asie à travers le Viet-Nam et le Cambodge. Nouvelle tournée, nouveau *live :* en 1992 sort *Fredericks Goldman Jones sur scène.*

**En 1995, suite à l'album *Rouge,* Goldman inaugure une nouvelle forme de tournée,** celle des salles des petites villes aussi bien que des grandes structures urbaines. Elle s'intitule la *Tournée des campagnes* et donne l'occasion du double *Du New-Morning au Zénith* reprenant une partie des soirées passées dans le club de jazz parisien du *New-Morning* au profit de l'association Amnesty International.

**Comme il est de coutume désormais, Jean-Jacques commence la tournée suivante,** la tournée *En passant,* par un tour de chauffe à la Réunion à partir du 18 mars 1998. Jusqu'au 16 juin, puis du 3 août au 18 décembre, l'équipe au grand complet collectionne près de 130 dates à travers la France. La dernière date est le 16 janvier 1999. Comme les précédentes, cette tournée permet la sortie d'un double album en 1999.

**En 2002, après la sortie de l'album *Chansons pour les pieds,*** Jean-Jacques Goldman entame une tournée monstre dans toute la France.

## Traces

Album *live* de la tournée *Gris clair* sorti en 1989.

***Entre gris clair et gris foncé – C'est ta chance – Reprendre c'est voler – Elle a fait un bébé toute seule – Peur de rien blues – À quoi tu sers ? – Doux – Long is the road (gospel) – Il changeait la vie – Il y a – Medley – Puisque tu pars.***

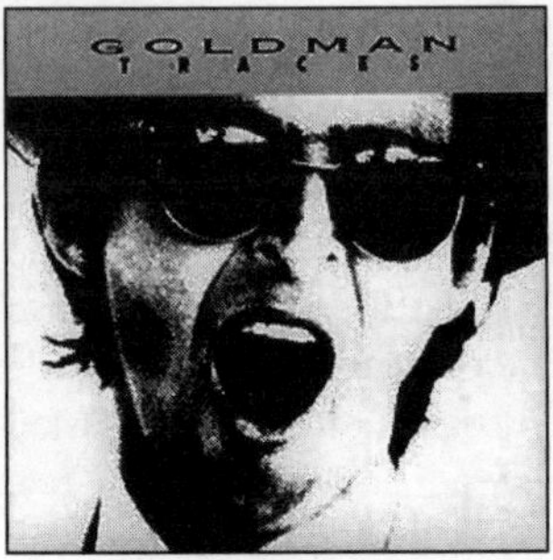


Suite à 147 dates de tournée à travers le monde, Goldman sort un nouvel album *live,* le deuxième. Il a parcouru la France, l'Afrique, et même à Paris, Jean-Jacques a multiplié les salles puisqu'en un mois, il a occupé le Bataclan, l'Olympia, le Palais des Sports et le Zénith ! Voici comment Jean-Jacques qualifie ce *Traces :* « Ce disque est la trace d'une presque année pour nous, d'une soirée pour vous. Trace imparfaite, partielle et partiale à laquelle manquent évidemment l'âme du moment, la vérité de la présence… L'indicible du spectacle. Tout ce que l'on n'a pas su saisir sur le vif, par overdose d'émotions, prendra place peu à peu dans nos souvenirs. Une trace juste pour nourrir ces souvenirs. »

# U

**Une** Depuis 1982 (« du temps où les seuls journaux qui s'intéressaient à moi étaient *Podium, Salut les copains* et *Girls* ! », dit-il), Jean-Jacques refuse que sa photo paraisse à la une des journaux. Voici le principe défendu par Goldman : « Je ne dois pas me mettre en position de demandeur, je ne veux pas apostropher les gens, c'est au public de faire la démarche qui consiste à venir à ma rencontre. La une d'un quotidien ou la couverture d'un magazine interpelle les passants, des individus qui ne sont peut-être pas des lecteurs du journal. Quand un article paraît dans la rubrique "Chanson", le lecteur est libre de s'y arrêter, de s'y intéresser ou de passer à la page suivante. »

**Usine** Bon nombre de rumeurs courent sur les activités de Jean-Jacques Goldman. La plus grossière, et la plus souvent entendue, est celle de son usine. En effet, au moment de la sortie de l'album *Rouge,* Goldman aurait racheté une usine en difficulté, à Montrouge, en banlieue parisienne. Pour la remettre à flot et sauver des emplois, il lui aurait fait réaliser les boîtiers en métal de ses albums. Cette affirmation est totalement fausse !

# V

**Victoire de la musique** Malgré son succès auprès du public, Goldman n'est pas un abonné des Victoires de la musique. En bientôt vingt ans de cérémonie, il n'a remporté que cinq victoires, dont deux directement pour lui. Le 22 novembre 1986, première récompense des professionnels, Goldman est sacré meilleur interprète de l'année. Connaissant déjà le résultat, Goldman n'assiste pas à la cérémonie et suit l'émission de chez lui. Deux ans plus tard, le 19 janvier 1988, il décroche la Victoire de la musique de la tournée ayant rassemblé le plus de spectateurs. Cette fois, il participe à la cérémonie et remercie en compagnie de toute son équipe de tournée. Il en profite pour en appeler à la création d'une chaîne musicale. En 1995, il est de nouveau nominé mais repart bredouille. Un an plus tard, il décroche deux Victoires pour l'album *D'eux* qu'il a écrit pour Céline Dion : *Pour que tu m'aimes encore* est chanson de l'année, et l'album est sacré album francophone de l'année. L'année suivante, Jean-Jacques obtient encore une victoire pour une collaboration : le 11 février 1997, Khaled reçoit la Victoire de la chanson de l'année pour *Aïcha*. Goldman vient interpréter le titre en duo. Enfin, le 21 février 1998 : Jean-Jacques Goldman participe à la cérémonie sans être en compétition.

Il vient chanter *Je te promets* avec Johnny Hallyday, ainsi que *Quelque* chose de Tennessee avec Johnny et Pascal Obispo.

## Vie privée

Jean-Jacques est l'un des artistes les plus populaires et pourtant les plus discrets sur sa vie privée. Paparazzi et autres journaux à scandales, ne peuvent espérer de grands coups avec ce chanteur à la vie normale. Ne fréquentant pas les soirées mondaines ou les bourgades paparazziennes comme Saint-Tropez, Goldman est assez tranquille. Exception récente, Jean-Jacques a fait la une de quelques journaux suite à son remariage à Marseille en octobre 2001. « Comme je ne me marie pas tous les jours, c'est supportable. »

## Voyages

Entre 1970 et 1973, Jean-Jacques voyage en Suède (1971), Turquie (1972), au Canada, aux États-Unis et au Mexique (1973).

# Z

**Zep** Philippe Chapuis (alias Zep, en clin d'œil au groupe Led Zeppelin), dessinateur de BD de renom, est papa du petit héros à succès Titeuf (1,3 millions d'exemplaires des huit albums de la série écoulés sur la seule année 2001). C'est lui qui illustre la pochette et le livret de l'album *Chansons pour les pieds*. La pochette représente deux danseurs croqués d'un simple trait de crayon. Le livret quant à lui, illustre chacune des chansons dans un style différent à chaque fois. Il décrit également quelques moments des coulisses de l'enregistrement de l'album. Deux particularités : il ne s'agit pas de cartoon BD et Goldman n'est jamais représenté de face (« C'était pas très joli, ma tête en BD », ironise-t-il). L'histoire de cette collaboration curieuse commence avant même l'enregistrement de l'album. À la demande de Jean-Jacques qui souhaite toujours une présentation originale pour ses albums, c'est Alexis Grobois, chargé du design des pochettes dans la production de Goldman et fan de BD, qui lui propose une collaboration avec Zep. Certes, Alexis connaît le personnage Titeuf, mais surtout il vient de découvrir une facette méconnue de Zep dans un magazine de BD : il réalise également des carnets de route, sorte de croquis de ses voyages… C'est cet exercice qu'il propose à Jean-Jacques pour son futur album. Zep et Goldman se rencontrent. Le courant passe ; les caractères des deux hommes se ressemblent. Jean-Jacques demande ainsi à Zep de le suivre tout au long de l'enregistrement et de dessiner ce qu'il veut. Ainsi, Zep va croquer les péripéties d'un an de studio. Et illustrer chacune des chansons.

**À noter par ailleurs que Zep fait parti d'un groupe de musique** (il montera sur scène avec Jean-Jacques lors d'une date de la dernière tournée) et qu'une planche de l'une de ses anciennes BD, *L'enfer des concerts*, contient le billet de la tournée *En Passant* ! Mais surtout, pour l'anecdote, le dessinateur s'est amusé à glisser un petit Titeuf dans le livret de *Chansons pour les pieds*...

# MORCEAUX CHOISIS

**L'interview qui suit est une discussion que l'auteur a eu avec Jean-Jacques Goldman, après la sortie de son dernier album.**

**Le single *Ensemble,* comme l'ensemble du dernier album, en a dérouté plus d'un…**
Oui, ça déroute. Les gens ne comprennent pas très bien où est le couplet, où est le refrain, qui chante… Ça fait quelque temps que j'aime bien sortir des titres comme *Rouge,* qui allait dans le même sens, avec la musique de *Taratata* au milieu, des titres où les gens ne comprennent rien. Mais bon, d'un autre côté, je ne pense pas que les gens attendent tout le temps les mêmes chansons.

**C'est un plaisir d'essayer de surprendre à chaque fois ?**
Essayer de me surprendre moi, déjà. J'avais envie de faire un canon depuis longtemps et je trouve que les gens sont suffisamment grands et suffisamment larges d'esprit pour sortir un peu des formats. Pour l'instant, ça ne m'a jamais porté préjudice, ils ont toujours fait l'effort de me suivre.

**Mais finalement, Goldman est-il si hors norme que ça ?**
D'un côté, je me sens très collectif et très solidaire. D'un autre, j'aime bien être un peu à côté quand même, ne pas aller dans le vent, dans les courants, dans les lieux communs, dans le politiquement correct. Ça, ça m'agace un peu !

**Mais prôner le partage, chanter *Je te donne*, c'est assez consensuel ?**
Non, c'est pas très classique de dire ça, c'est un peu boy-scout, il faut le revendiquer quand même. C'est pas très dans l'air du temps le fait de dire « ensemble on va y arriver », « ensemble tout est plus joli ». C'est plutôt « black is black », l'ambiance du moment et « on va y arriver individuellement. »

**D'une manière générale, les idées de Goldman ne sont pas tranchées, c'est plus « gris clair » ou « gris foncé » que noir ou blanc ?**
Oui, je crois qu'il y a la prééminence de l'éducation, le fait d'être responsable, le fait de ne pas être dupe de ce qu'on prétend par rapport à ce qu'on est, il y a ces interrogations qui reviennent tout le temps et pas donneur de leçon tout simplement parce qu'on ne sait pas trop qui on est nous-mêmes. Mais, ce n'est peut-être pas tranché dans le sens où je n'apporte pas de solution blanche, bleu clair, droite, gauche... Mais je crois qu'il y a des principes qui sont assez clairs...

**Lesquels en résumé ?**
Ne pas se fier aux apparences, réfléchir, ne pas croire tout ce qu'on vous dit, se méfier des lieux communs, des modes, des modes de pensées.

**Rester discret, ne pas jouer de son image, ça fait partie de l'humilité goldmanienne ? Une sorte de « malgré tout, je ne suis pas si important que ça » ?**
Je ne crois pas « ne pas être important », ce n'est pas ça ! Par rapport à l'image, je pense qu'on est la dernière génération comme ça. Quoique, quand on voit des

gens comme Manu Chao, Noir Désir ou des gens comme ça, ils font passer l'image derrière la musique, quand même. Il y a quand même une grande méfiance dans l'image, il y a une telle débauche, il y a une grande suspicion dans l'image mais je ne sais pas s'il est possible aujourd'hui de commencer une carrière en se préoccupant uniquement de la musique.

**Et toi, tu la contrôles, ton image ?**
De façon négative. C'est-à-dire que je ne sais pas ce que je veux, mais je sais ce que je ne veux pas…

**C'est-à-dire ?**
Se galvauder, s'associer à des choses trop vulgaires. Je trouve que la vulgarité ambiante peut déteindre sur toi. Il faut faire attention où on met les pieds…

**Le milieu de la musique te surnomme « le boss ». Qu'est-ce que ça t'inspire ?**
Le boss, le vrai, c'est Bruce Springsteen (*rires*)… Ça me flatte, moi, je suis heureux de ça, je l'entends mais bon (*gêné*)… Le respect, ça se gagne aussi, c'est pas toujours facile. De temps en temps il y a quelques explications. À partir du moment où on reste respectueux et digne tout en étant ferme sur ses positions, tout est possible. Mais ça, ce n'est pas uniquement dans le travail, c'est dans la vie de tous les jours.

**Ce qualificatif te gène parfois ?**
Non, pas ça. J'adore l'idée de respecter les gens et d'être respecté soi-même. J'aime beaucoup ça, et je respecte beaucoup les gens… respectables.

**Et cette aura professionnelle ?**

Elle est partagée à partir du moment où l'on a du métier et où l'on dure. Qui que tu sois, et ça, c'est pareil dans votre métier, un type qui est à la télé et qui dure, on dit « respect », simplement parce qu'on espérerait faire pareil (*rires*).

**Parlons des collaborations : pourquoi vient-on chercher Goldman ?**

On vient me chercher tant que je fais des chansons qui marchent. Il y a des tas de types qui écrivent très très bien, qui font de très bonnes musiques, mais ça ne marche pas, donc on leur demande moins. Donc tant que ça marche, on vient me chercher. C'est essentiellement pour ça… pour la plupart. Il y en a d'autres qui viennent parce qu'ils aiment bien ma façon d'écrire, ma façon de composer.

**Et l'utilisation de pseudonymes…**

C'est fini, les pseudo… Mais au début, c'était parce qu'à une époque j'étais vraiment très connu, super chaud, j'étais un peu « l'idole des jeunes », c'est pas du tout prétentieux mais j'étais un peu le Patrick Bruel de l'époque. Quand je faisais un album entier, comme pour Johnny, je signais Jean-Jacques Goldman. Mais quand je faisais une chanson pour Patricia Kaas ou une musique pour Marc Lavoine, comme les journalistes sont très paresseux, je savais qu'ils n'allaient parler que de ça alors que je trouvais ça très injuste et faux par rapport à l'entité, à tout l'album. Alors je préférais signer par un pseudo comme ça, ils écoutaient le reste des chansons et ils parlaient de l'album dans sa vérité. On gagnait les trois mois nécessaires…

**Tout ça à cause des journalistes ?**

Oui, oui.

**Tu gardes une vraie cicatrice des critiques dures des débuts ?**

Non, non, j'ai une grande grande confiance dans la paresse des journalistes (*rires*).

**Avec un peu de recul, arrives-tu à donner une explication de ton succès ?**

Je crois qu'au-delà du talent, parce qu'il en faut un petit peu, ce qui fait que quelqu'un…

C'est pas du tout modeste ce que je dis, Souchon le dit aussi, Cabrel le dit aussi, il y a des gens qui écrivent mieux que nous, il y a des gens qui composent mieux que nous, il y a des gens qui chantent mieux que nous, il y a des gens qui arrangent mieux que nous, mais peut-être que personne mieux que nous n'est attentif et sensible à l'air du temps. On vit avec les gens, on est dans les gens, on lit les journaux, on est peut-être des éponges… On a le goût des gens… Je ne sais pas comment dire… donc pour expliquer le succès, je crois que dans tous les cas c'est pareil, il faut du savoir-faire – même si c'est un peu péjoratif – enfin, il faut un peu de talent, mais il faut surtout cette conscience aiguë des autres. On va parler de ce thème-là et pas d'un autre parce que ça nous touche. Et c'est aussi ce qui va toucher les autres. Mais on ne fait pas exprès, c'est comme ça…

**Avec un peu d'anticipation parfois ?**

Parfois. Oui, on ramasse l'air du temps un petit peu avant… Je crois que c'est la clef du succès.

**Tu es quand même un « faiseur de chanson », sachant trouver des ritournelles, des suites musicales logiques**

**et efficaces...**
Je pense qu'un musicologue pourrait déterminer, étudier tout ça, je crois que c'est fait d'ailleurs... Mais en ce qui me concerne, je crois que c'est parce que j'ai des goûts très simples. Je n'ai jamais aimé les suites d'accords du jazz, j'ai toujours aimé le blues, le rock, les musiques folkloriques. Donc à partir du moment où j'aime ces musiques très profondes et très profondément ancrées, même pas dans l'oreille des gens, dans leur passé, presque dans leurs gènes, je pars avec le bagage que j'ai, donc des choses très simples...

**Qu'est-ce qui fait que toi, plus qu'un autre avec la même culture musicale...**
Ou inculture...

**...mettons, qu'est-ce qui fait que tu y arrives plus que lui. C'est ce qu'on appelle le talent ?**
Peut-être que j'aime plus ça que lui... C'est violent ! Quand je fais une suite d'accords. Il y en a c'est « non », d'autres c'est « oui ». Le « oui », il est archi-violent. Je sais qu'il se passe quelque chose dans cette suite d'accords, à ce moment-là, dans cette entrée de basse, dans cette deuxième voix qui arrive. Je le sais et je le ressens très violemment. C'est comme les pellicules, il y en a des plus ou moins sensibles.

**Et tu pressens quoi précisément ?**
Qu'on va être ému, d'une façon ou d'une autre. C'est à dire qu'on va être super triste, ou super surpris. On a la chance que quand ça se passe très violemment pour nous, ça se passe très violemment pour eux...

**Il est rare qu'un chanteur arrivé à ce niveau-là, affiche**

**une telle humilité.**
Je ne crois pas être humble… On parle là, je ne pense pas qu'être lucide c'est être humble. Simplement dire que je ne suis pas le meilleur pour ça, mais je trouve que je suis bon pour ça. Je crois avoir une vision assez lucide de ce que je sais faire et de ce que je ne sais pas faire.

**Alors, le mot qui te correspond mieux, c'est « anti-star » ?**
Ça ne m'intéresse pas ! J'ai beaucoup mieux à faire que ça. Je l'ai déjà dit, mais arriver dans une grosse voiture dans une boîte au carré VIP avec du champagne – je n'aime pas le champagne –… c'est désespérant ! Je trouve ça ennuyeux !

**Tu es l'un des rares à dire ça…**
Je ne crois pas. Avec Souchon, Cabrel, on pourrait être à toutes les premières, mais on s'ennuie. Peut-être qu'on en jouit de temps en temps, même peut-être qu'on aime bien être regardé quand on arrive quelque part… Mais c'est moins intéressant que d'être chez soi, que de lire un bouquin, un journal, que de discuter avec des potes, d'aller jouer au tennis. Je trouve ça désespérant, et puis souvent, c'est pas un milieu qui vole très très haut… globalement.

**Tu t'estime « banal » ?**
Moi, je ne crois pas être banal, mais personne n'est banal. Peut-être les stars sont banales, souvent, mais les gens ne sont pas banals.

**Tu viens de rentrer dans le dictionnaire**
Je sais.

**Flatterie ?**
Oui, oui, je suis content.

**Point barre ?**
Point barre !

**Robert, ton frère, se met à l'écriture et enchaîne les tubes. Quel rapport musical as-tu avec lui ?**
Aucun. Je ne sais même pas sur quel matériel il enregistre… Le rapport musical que j'ai avec lui, c'est qu'il me fait écouter. Enfin de moins en moins, parce que j'entends des trucs à la radio et je l'appelle pour lui demander « dis-donc, c'est pas toi qui a écrit ça ? » Parfois il me dit non, je lui réponds : « Alors, il y a des gars qui t'imitent, c'est nouveau » !

**Et Robert n'imitent pas un peu Jean-Jacques ?**
Si, mais moi j'imite aussi. On est dans la même famille musicale, moi, j'ai beaucoup imité Michel Berger, les joueurs de blues, et on a aimé la même musique. On aime la même chose donc, je lui fait écouter mes trucs et lui il me fait écouter ses trucs et on se dit « ça je le sens , « ça je ne le sens pas »…

**Si Jean-Jacques fait des tubes pour lui et pour les autres, si Robert fait des tubes, pas pour lui, mais pour les autres, on ne va écouter que du Goldman à la radio ?**
C'est-à-dire qu'actuellement, on est très attentif au temps libre de ma sœur, elle est médecin, elle chante juste, mais pour l'instant, elle ne s'est pas remise au piano, parce qu'elle jouait pas mal du piano. Mais de ce côté-là, il ne se passe rien (*rires*). Quand à ma mère, je

crois que c'est foutu (*rires*)...
**Tu te vois monter sur scène jusqu'à quand ?**
Moi, je prendrais plaisir à ça tant que j'en donnerai. Donc tant que je sentirai une vraie demande en face, je pense que ça suffira pour me donner l'envie

**Et ne plus faire de chansons que pour les autres ?**
Je ne crois plus maintenant. Je pense qu'il y aura toujours des chansons pour lesquelles je serai le meilleur interprète, à mon avis, sur la conversation que j'ai commencé depuis 20 ans avec un public qui m'écoute et avec lequel j'ai une relation quand j'arrive à Lille, à Rennes, à Strasbourg. C'est des gens que je vois, qui m'ont suivi, qui ont eu des enfants, qui se sont mariés... et avec lesquels on a une conversation qui a commencé. Je crois que je ne l'interromprai jamais, cette conversation. Même si elle se termine dans des salles de 500 places, je la continuerai tout le temps. Et puis, il y a plein d'autres chansons pour lesquelles je ne suis pas le meilleur interprète possible. Et là, je suis super ravi d'écrire pour des Céline, des Johnny ou pour d'autres...

**Au fait, tu sais pourquoi tu fais de la musique aujourd'hui ?**
Je me suis posé la question, figures-toi...

**Comme quoi, elle n'est pas mauvaise...**
C'est une bonne question, je me suis dis « pourquoi je ferais un album de plus alors que j'aime tellement écrire pour les autres et je suis tellement bien.... » En fait, je sais : je fais des chansons parce que j'adore ça...

**Propos recueillis par Mathias Goudeau**

# CHRONOLOGIE

**11 OCTOBRE 1951** Naissance à Paris (troisième d'une famille de quatre enfants).

**1956** Apprentissage du violon puis du piano.

**1957 - 1966** Écolier et collégien à Montrouge (banlieue sud de Paris).

**1958** Scoutisme pendant dix ans.

**1963** Premier choc musical : Aretha Franklin via *Think*.

**1967** Premier groupe : The Red Mountain Gospellers – Premier 45 tours de Gospel avec The Red Mountain Gospellers. Jean-Jacques laisse tomber les cours de musique classique pour la guitare.

**1968** Bals et premiers groupes, dont Phalansters (vainqueur du tremplin du Golf Drouot).

**1969** Bac D au Lycée François-Villon (Paris, XIVe).

**1970** Prépa HEC.

**1971** École des Hautes Études Commerciales à Lille jusqu'en 1973 (obtention du diplôme de commerce) et fac de sociologie (DUEL). Voyages aux Canada, aux États-Unis, au Mexique. Deuxième choc musical : Léo Ferré.

**1973** Goldman se met à chanter dans des boîtes, des MJC (seul puis avec un bassiste) et des bals.

**1974** Service militaire dans l'armée de l'air.

**1975** Premier album avec Taï Phong et un tube : *Sister Jane* Mariage avec Catherine, naissance de sa première fille, Caroline.

**1976** Deuxième album avec Taï Phong, *Windows*, et premier 45 tours en solo : *C'est pas grave Papa.*

**1977** Deuxième 45 tours : *Les Nuits de solitude.*

**1978** Troisième 45 tours solo : *Back to the city again.*

**1979** Rencontre avec Michaël Jones. Assassinat, le 20 septembre, de son demi-frère, Pierre Goldman. Il avait 35 ans. Naissance de son deuxième enfant, Michaël.

**1980** Séparation de Taï Phong après le troisième album, *Last Flight.* Rencontre de l'éditeur Marc Lumbroso. Écriture pour d'autres sous divers pseudonymes.

**1981** Premier album et single *Il suffira d'un signe* en septembre (500 000 ventes). Contrat pour cinq albums avec le label Epic.

**1982** Deuxième album éponyme contenant *Quand la musique est bonne* (premier extrait en octobre).

**1983** Singles *Comme toi* (février), *Au bout de mes rêves* (juin) et première tournée en novembre. Il écrit, sous pseudonymes, pour Danielle Messia, Linda Singer, Jane Surrey, Émilie Bonnet.

**1984** Troisième album *Positif,* qui contient *Envole-moi* (premier extrait en janvier), *Encore un matin, Long is the road* puis *Comme toi* et *Au bout de mes rêves...* Jean-Jacques reçoit le Diamant d'or de la chanson française. Tournée au printemps (Olympia du 26 mars au 1er avril).

**1985** Sortie de *Non homologué* avec *Je marche seul* et surtout *Je te donne* avec Michaël Jones. Disque *Éthiopie* et concerts de Chanteurs sans frontière (la Courneuve) et de SOS Racisme (la Concorde). Écriture de *La chanson des Restos.* Début de la tournée (167 dates). Naissance de sa deuxième fille, Nina.

**1986** Sortie de *Pas toi* et 2e concert des Potes à la Bastille (14 juin). Sortie de *En public,* premier album *live* et de *Gang,* album entièrement écrit et composé pour Johnny Hallyday.

Tournée en Nouvelle-Calédonie et en Polynésie (décembre). Le 22 novembre, Victoire de la Musique de l'interprète de l'année.

**1987** *Elle a fait un bébé toute seule* (juillet) et sortie de *Entre gris clair et gris foncé* (octobre).

**1988** Tournée (147 dates) dont le Palladium de New York : le *Herald Tribune* titre *The normal pop idol.*

**1989** Sortie de l'album *live Traces.* Sortie de la B.O. de *L'union sacrée* (d'Alexandre Arcady) composée avec Roland Romanelli. Première tournée des Enfoirés (novembre).

**1990** Sortie de la B.O. de *Pacific Palissade* à laquelle participe Jean-Jacques. Écriture du titre *L'absence* pour Rose Laurens. Sortie de l'album *Fredericks-Goldman-Jones* et du premier extrait, *Nuit* (décembre).

**1991** Tournée à travers le monde (Ile Maurice, Vietnam, Cambodge...).

**1992** Le *live Sur scène* sort dans une pochette en métal forgé. Soirée des Enfoirés à l'Opéra Garnier.

**1993** O. Menor écrit pour Marc Lavoine et Sam Brewski pour Christopher Thompson, Patricia Kaas et Florent Pagny.

**1994** Sortie de l'album *Rouge.* Rencontre de Céline Dion (février).

**1994** Sortie de *Du New Morning au Zénith* (juin) après les concerts au *New Morning* (en mai). Écriture pour Philippe Lavil.

**1995** Écriture et production de l'album *Lorada* de Johnny. Tournée des campagnes en formation réduite. Sortie de *D'eux* écrit pour Céline Dion. Composition et production de *Springfield* de Carole Fredericks (décembre).

**1996** Sortie de *Singulier* (1981-1989), première compilation. Écriture pour Khaled et Robert Charlebois.

**1997** Le 11 février, *Aïcha* élue chanson de l'année aux Victoires de la musique. Écriture pour Patricia Kaas. Sortie du huitième album studio, *En passant* (août) puis tournée en tant que musicien de scène (guitare, basse, violon et chœurs) derrière Gildas Arzel.

**1998** Tournée *En passant*.

**1998** Sortie de *S'il suffisait d'aimer* de Céline Dion écrit et réalisé par Goldman (septembre).

**1999** Sortie du *live Tournée 1998 En passant* et B.O. du film *Astérix* avec Roland Romanelli avec le titre *Elle ne me voit pas*.

**2000** Sortie de *Pluriel* (1990-1996), compilation *Fredericks Goldman Jones*. Écriture pour Yannick Noah, Gérald de Palmas, Jean-Marie Bigard et Maxime Le Forestier

**2001** Mariage (13 octobre). Sortie de *Chansons pour les pieds* (20 novembre)

**2002** Tournée et écriture pour France d'Amour, Patrick Fiori et Mauranne.

**Sources :** Interviews et documentation personnelles ainsi que l'ensemble des médias français, étrangers et internet dont *Sud Ouest, Le PointGraffiti, Le Nouvel Observateur, Var Matin, Salut, Guitarist Magazine, Platine, Magazine des Arts et du Divertissement, COOL, Télé Câble Satellite Hebdo, La Provence, L'Express, Télé Poche, Chanson, Tempo magazine, Le Soir, Médiasong, L'Union, Spot Light, Télérama, La Provence, Graffiti, Le Figaro, Club Dial, Starclub, Le Télégramme de Brest, Ouest France, Le Malin, Bravo Girl, Hard Force, La Dépêche du Dimanche, Le Journal d'Alsace, Paroles et Musique, RTL, M6, Télémoustique.*

**les sites internet (non officiels) :**
enpassant.jean-jacques-goldman.com
parler-de-sa-vie.net
goldman.fr.fm
mapage.noos.fr/autrepart/
jjgenpassant.multimania.com...

**les livres :** *Scouts toujours* de Gonzalès et Turckeim, *Portrait non conforme* de Didier Varrod, *Destroy* de Hallyday, *Balavoine* de Verlant, le recueil de partitions *En passant*...

# DISCOGRAPHIE

## Albums

- Taï Phong, avec Thaï Phong / 1975
- Windows, avec Thaï Phong / 1976
- Last Flight, avec Thaï Phong / 1979
- Démodé / 1981
- Minoritaire / 1982
- Positif / 1984
- Non Homologué / 1985
- En Public / 1986
- Entre gris clair et gris foncé / 1987
- Traces / 1989
- Fredericks Goldman Jones / 1990
- Sur scène / 1992
- Rouge / 1993
- Du New Morning au Zénith / 1995
- Singulier (compilation) / 1996
- En passant / 1997
- En passant tournée 1998 / 1999
- Pluriel (90-96) compilation / 2000
- Chansons pour les pieds / 2001

## Collaborations

- *The Red Mountains Gospellers*, tout premier 45 tours / 1966

- *C'est pas grave Papa / Tu m'as dit*, premier 45 tours en solo / 1976

- *Les nuits de solitudes / Jour bizarre*, 45 tours/ 1977

- *Back to the city again / Back to the city again*, 45 tours / 1978

- *Slow me again* (Signé Sweet memories) / 1979
- *High Fly et Tell Me Why*, 45 tours (signé First Prayer) / 1980
- *Mauvaise Tête*, 45 tours pour Janic Prévost signé sous pseudonyme / 1980
- *Gros Câlin Blues* et *Fais-moi des sourires*, 45 tours (jamais sorti) pour Anne-Marie Batailler signé sous pseudonyme / 1980
- *Nous on y va*, 45 tours pour Jocko (alias Elli Medeiros) signés sous pseudonyme / 1980
- *Tout tout doucement*, pour Jane Surrey signé Sweet Memories / 1982
- *J'essaierai d'oublier*, pour Émilie Bonnet / 1983
- *Hold on tight* (version pour l'Angleterre de *Il suffira d'un signe*), pour Linda Singer / 1983
- *Le temps des enfants*, pour Danielle Messia (sorti en 1994) / 1984
- *Viens*, pour Michaël Jones / 1984
- *Éthiopie* avec Chanteurs sans frontière / 1985
- *La chanson des Restos* / 1985
- *Gang* pour Johnny Hallyday, écriture, composition et réalisation / 1986
- *Liaisons* d'Yves Simon (Jean-Jacques chante sur *La nuit, les désirs* et *Crime d'amour*) / (1988)
- B.O. de *L'union sacrée* avec Roland Romanelli / 1989
- B.O. de *Pacific Palissade*, participation / 1990
- *L'absence* pour Rose Laurens / 1990
- *Tu t'en iras* pour Christopher Thompson (signé Sam Brewski) / 1992
- *Il me dit que je suis belle* pour l'album *Je te dis vous* de Patricia Kaas (signé Sam Brewski) et *Tu me suffiras*, *Ici-bas* et

***L'aventure humaine*** **pour l'album** ***Faux rêveur*** **de Marc Lavoine (signé O. Menor) / 1993**

**●** ***Est-ce que tu me suis ?, Loin*** **et** ***Si tu veux m'essayer*** **pour l'album** ***Rester vrai*** **de Florent Pagny (signé Sam Brewski) et** ***Comme un tout petit bébé*** **(Sam Brewski) pour Philippe Lavil / 1994**

**● Écrit, compose et réalise l'album** ***D'eux*** **pour Céline Dion et** ***J'la croise tous les matins*** **et** ***Le regard des autres*** **pour l'album** ***Lorada*** **de Johnny (que Jean-Jacques produit également) / 1995**

**●** ***Aïcha*** **pour Khaled et** ***Change, Je voudrais la connaître*** **pour l'album** ***Dans ma chair*** **de Patricia Kaas,** ***Change*** **et** ***Jesus in me*** **pour l'album** ***Springfield*** **de Carole Fredericks,** ***Le plus tard possible*** **pour Robert Charlebois / 1996**

**●** ***Personne ne saurait*** **pour Carole Fredericks et les Poetic Lovers et album** ***S'il suffisait d'aimer,*** **pour Céline Dion / 1998**

**● Album de Malavoi, Marronnage, participation (*Chanson d'amour* en duo) / 1998**

**● B.O. d'*Astérix* avec Roland Romanelli, comprenant le titre** ***Elle ne me voit pas*** **/ 1999**

**●** ***Les chansons commencent*** **et** ***Une fille de l'est*** **pour l'album** ***Le mot de passe*** **de Patricia Kaas et** ***J'écris des chansons*** **pour l'album** ***Sept*** **de Marc Lavoine,** ***On my way home*** **pour Joe Cocker,** ***C'est la nuit*** **et** ***Derviche tourneur*** **pour Khaled. Écrit le texte** ***2000*** **pour la ville de Lyon / 1999**

**●** ***Ni divin, ni chien*** **pour Yannick Noah,** ***J'en rêve encore*** **pour Gérald de Palmas,** ***On va mettre le paquet*** **pour Jean-Marie Bigard et** ***Affaire d'État*** **avec Maxime Le Forestier / 2000**

**●** ***Passer à la télé*** **et** ***S'il n'y avait pas la nuit*** **(avec Enrique Andreu) pour France d'Amour / 2002**

# VIDÉOGRAPHIE

## Vidéos

- Carnet de route 1981 à 1986 / 1987
- Vidéoclips 1981 à 1989 / 1989
- Traces / 1989
- Fredericks Goldman Jones au New Morning / 1995
- Tours et détours / 1995
- En passant tournée 98 / 1999
- Intégrale des clips 1981-2000 / 2000

## DVD

- En passant tournée 98 / 1999
- Souvenirs de tournées / 2000
- Du New Morning au Zénith / 2000
- Intégrale des clips 1981 à 2000 / 2000
- Chronique d'un album / 2001

# INDEX

## a

**Âge** p. 15
**Air du temps** p. 15
**Alès** p. 16
**Ambition** p. 16
**Argent** p. 17
**Arzel** (Gildas) p. 18

## b

**Baker** (Chet) p. 19
**Balavoine** (Daniel) p. 19
**Bals** p. 19
**Batailler** (Anne-Marie) p. 20
**Benzi** (Érick) p. 20
**Berger** (Michel) p. 21
**Bigard** (Jean-Marie) p. 22
**Blues** p. 22
**B.O.F.** p. 23
**Boîtier** p. 23

## c

**Cabrel** (Francis) p. 25
**Canada** p. 25
**Caritatif** p. 26
**Carnet** p. 27
**Cassar** (Yvan) p. 27
**Chalandon** (Sorj) p. 28
**Chanson** p. 28
***Chansons pour les pieds*** p. 29
**Charlebois** (Robert) p. 31
**Chocs musicaux** p. 31
**Chorales** p. 32
**Clip** p. 32
**Cocker** (Joe) p. 33
**Comédie musicale** p. 33

## d

***D'eux*** p. 34
***Démodé*** p. 35
**De Palmas** (Gérald) p. 35
**Diamant d'or** p. 36
**Dion** (Céline) p. 36
**Dufourmantelle** p. 37
***Du New Morning au Zénith*** p. 37
**Dylan** (Bob) p. 38

## e

**École** p. 40
***Elle a fait un bébé toute seule*** p. 40
**Enfants** p. 41
***En passant*** p. 41
***En passant tournée 1998*** p. 42
***Ensemble*** p. 44
***Entre gris clair et gris foncé*** p. 44
**Etchegoyen** (Alain) p. 46
***Études*** p. 46

## f

**Famille** p. 47
**Ferré** (Léo) p. 47
**Ferry** (Catherine) p. 48
**Franklin** (Aretha) p. 48

**Fredericks** **(Carole)** p. 49
***Fredericks Goldman Jones*** p. 50
***Fredericks Goldman Jones sur scène*** p. 51

# g

***Gang*** p. 53
**Gassian** **(Claude)** p. 54
**Génération Goldman** p. 54
**Goldman** **(Pierre)** p. 55
**Goldman** **(Robert)** p. 56
**Groupes** p. 57
**Guitaristes** p. 57

# h

**Hallyday** **(Johnny)** p. 58
**Helliwell** **(John)** p. 59
***Herald Tribune*** p. 59

# i

**Influences** p. 60
**Instruments de musique** p. 60
**International** p. 60

# j

***Jean-Jacques Goldman*** p. 62
***Jean-Jacques Goldman*** p. 63
***Jean-Jacques Goldman en public*** p. 66
**Jones** **(Michaël)** p. 67
**Journal intime** p. 68
**Judaïcité** p. 68

# k

**Kaas** **(Patricia)** p. 69
**Khaled** p. 69

# l

**Lavoine** **(Marc)** p. 71
**Le Forestier** **(Maxime)** p. 71
**Lumbroso** **(Marc)** p. 72

# m

***Mai 68*** p. 73
**Mattotti** **(Lorenzo)** p. 73
**Messia** **(Danielle)** p. 74
**Millénaire** p. 74
**Montrouge** p. 74
**Musiciens** p. 74

# n

**Namiand** **(Gilbert)** p. 75
**New Morning** p. 75
**Noah** **(Yannick)** p. 76
***Non homologué*** p. 76

# p

**Pagny** **(Florent)** p. 79
**Parents** p. 79
**Pauliniens** p. 80
**Phalansters** p. 80
**Politique** p. 82

**Popularité** p. 82
***Positif*** p. 83
**Première partie** p. 84
**Premières tentatives** p. 85
**Presse** p. 85
**Pseudonymes** p. 87

## r

**Red Mountain Gospellers (the)** p. 88
**Reprises** p. 89
**Restos du cœur** p. 90
***Rouge*** p. 91

## s

**Saillet** (Yannick) p. 93
**Scène** p. 93
**Schmitt** (Bernard) p. 94
**Scott** (Andy) p. 94
**Scout** p. 95
***S'il suffisait d'aimer*** p. 95
**Simon** (Yves) p. 96
***Singulier*** p. 96
**Sirima** p. 97
***Sport 2000*** p. 97

## t

**Taï Phong** p. 98
**Tournée** p. 99
***Traces*** p. 101

## u

**Une** p. 103
**Usine** p. 103

## v

**Victoires de la musique** p. 104
**Vie privée** p. 105
**Voyages** p. 105

## z

**Zep** p. 106

**MusicBook**

**Directeur de collection :** Stéphane Chabenat

**Secrétariat de rédaction/maquette :**
**Priscille de Bargues**
**Christel Moreau**
**Hervé Guilleminot**


33 avenue du Maine, BP 68 75755 Paris cedex 15
Dépôt légal : 2002

Imprimerie Darantiere : n° d'impression 22-1010

ISBN 2-84343-109-3